MW01241687

Título original:
Les Corsaires de Bayonne

Corsarios de Bayonne

Edouard Lamaignère

Traducción:

Marcos Latasa y José Dueso

Unas palabras sobre piratería en Lapurdi

A veces pueden dar pie a confusiones, expresiones tales como pirata, bucanero, filibustero y corsario. Pese a que el bucanero y el filibustero, a la postre, sean piratas, entre ambos existen diferencias. Por otro lado está el corsario, que, aun sin dejar de ser un pirata, trabaja a cuenta de un estado y para beneficio de este y suyo propio. De este modo, pirata es el bandolero del mar que actúa por cuenta propia; corsario el que practica el mismo bandolerismo, mantenido por algún poderoso.

El móvil del pirata, salvo muy raras excepciones, fue el afán de botín con el fin de enriquecerse. En la mayoría de los casos de piratería que nos recuerda la historia, los piratas eran individuos de los estamentos sociales más bajos, en ocasiones prófugos de la justicia y carentes de conocimientos marineros. El jefe de un buque pirata solía ser, en cambio, un expertísimo marino, con frecuencia un inteligente diplomático, y siempre un hombre con excepcionales dotes de mando. Se imponía por el terror y mantenía a bordo de sus navíos una importante dosis de brutalidad. Por otra parte, las tripulaciones piratas, más mitificadas que comprendidas, solían refugiarse en el alcohol, que les ayudaba a soportar las múltiples penalidades que conllevaba la vida a bordo. Tras el asalto y saqueo de las presas, el protagonista principal pasaba a ser la violencia –asesinato, tortura de prisioneros, exigencia de rescate, entre un más largo etcétera–. Por todo ello, el pirata ha sido considerado siempre como un ser despreciable, en lo más bajo de la escala moral.

Los bucaneros y los filibusteros han tenido un denominador común, y es su zona de actuación, que fue principalmente el mar de las Antillas, durante la época en la que el imperio español tenía mayores posesiones por aquellas latitudes. Los bucaneros, conocidos también en algunos casos como "Hermanos de la costa", eran de origen francés. La denominación "bucaneros" puede venirles de su gran afición a ingerir carne ahumada de reses cimarronas, pues el lugar donde se secaban y salaban dichas carnes, se llamaba *boucans*. Casi exclusivamente, las presas de estos piratas eran siempre las posesiones españolas en América, ya fueran barcos o ciudades. Se aprecia en ello un claro matiz político, que no siempre ha sido tenido en cuenta al tratar sobre la piratería. Porque los bucaneros eran mirados con muy buenos ojos por los gobiernos de Francia e Inglaterra, en cuyos dominios se abastecían impunemente. Vienen a ser lo mismo que los filibusteros, expresión de dudoso origen utilizada para referirse a todo pirata, de la índole o nacionalidad que fuera, que se dedicara a saquear, también en este caso, las posesiones españolas en Ultramar.

También es un pirata el corsario, pero un pirata legal. El buque corsario es un mercante con patente de su gobierno, para buscar y apresar buques piratas o de países enemigos. En el caso del País Vasco, los primeros corsarios fueron balleneros que alternaron la caza de la ballena con la lucrativa tarea de dedicarse a saquear navíos con las espaldas bien guardadas.

Fue en Francia donde se asentaron por primera vez, en la segunda mitad del siglo XVI, las bases del corso. Las reglas por las que se regía eran bastante rigurosas, la primera de las cuales estipulaba que "el propietario del barco que quiera piratear debe obtener primero un nombramiento del Almirante de Francia y depositar 15.000 francos como fianza de cualquier irregularidad que pueda cometer". No podían enrolarse los que estuvieran sujetos a servicio militar. En cuanto era apresado un buque, un escribano subía a bordo, hacía un inventario y sellaba todo. Una vez en Francia, el botín era dividido de la siguiente manera: seis décimas partes al propietario del buque y tres décimas partes al capitán y a la tripulación en proporciones determinadas.

Casi siempre eran fragatas o balandras vizcaínas, escogidas por su velocidad y poco calado, los barcos empleados por los corsarios. No iban excesivamente armados, pues las victorias corsarias se basaban fundamentalmente en el éxito del abordaje al navío enemigo, con el fin de evitar que este sufriera muchos daños.

A bordo se mantenía una disciplina férrea, incluso bastante cruel. Como muestra de ello sirve el ejemplo de que a un amotinado se le embreaba y emplumaba, y después se le abandonaba en algún lugar deshabitado. O si un hombre desenvainaba su cuchillo, era clavado al mástil por las manos y se le dejaba así mucho tiempo. Los asesinos eran amarrados al cadáver de su víctima y lanzados al mar. Incluso la insignificante falta de fumar antes del atardecer, fue castigada con tres zambullidas consecutivas.

Existían otras costumbres menos bárbaras, aunque curiosas en extremo. Una ceremonia especial de iniciación consistía en amarrar al palo mayor al recién llegado, y atar un caldero en su trasero para que, por turnos, lo golpease toda la tripulación. La operación se repetía hasta que el iniciado repartiera todo su dinero suelto con sus compañeros. Otra práctica curiosa era que los corsarios se juraban fidelidad, unos a otros, sobre el pan, el vino y la sal, arrojándose al mar, en estas ocasiones, una de las libaciones. Pero intervino en contra la moral cristiana, tildando de pagana esta usanza, y quedó prohibida mediante decreto en 1582. No obstante, tal prohibición no debió prosperar demasiado pues, aunque se impusieron severas penas, los corsarios siguieron practicando esa costumbre.

***

De los puertos de Lapurdi salieron los mayores corsarios que ha conocido el País Vasco. Unas veces como lapurdinos y vascos, otras como franceses, acosaron a cuantos navíos ingleses o castellanos se pusieron a su alcance, sin que tampoco fuera una excepción que los barcos vascos navegasen bajo esta segunda bandera. Lo mismo fueron corsarios, que bucaneros, filibusteros o piratas. De igual forma, operaron tanto en aguas del golfo de Vizcaya, como en el Canal de la Mancha, en el Mar del Norte, en el Caribe o en el Pacífico.

Ya, en 1551, una flota formada por tres naves procedentes de San Juan de Luz, hacía acto de presencia en las Islas Canarias al mando de un personaje conocido por "El clérigo". Además de la tripulación, las naves llevaban setecientos hombres de desembarco, portugueses en su mayoría, y víveres para dieciséis meses. Tras realizar algunos actos de pillaje en el Puerto de Santa María, apoderarse de un galeón destinado a la flota de Indias y hacer cautivas a cien personas, pusieron rumbo al puerto de La Luz, donde se había refugiado el resto de la escuadra. Mas, no atreviéndose a actuar contra ella, se dirigió a Lanzarote donde, repelidos por los lanzaroteños, decidieron zarpar hacia las Indias.

Pero no siempre debieron ser bien vistas por el Gobierno francés las actividades de los corsarios, que en ocasiones se excedían, llegando a penetrar de lleno en el terreno de la piratería. Así, en 1575, se publicaba una orden para recabar información sobre las actividades de Saubat de Gasto. Este sería hecho prisionero en junio del año siguiente, y encarcelado en el Castillo Viejo de Bayona. Acusado de piratería, fue ahorcado en esa ciudad, el 10 de julio de 1577, en medio de gran revuelo, ya que por unos era considerado un bandido, pero un bravo marino por otros.

Durante el siglo XVII, destacaron como corsarios Jean Bart, Duguai, Harismendi y Saint-Martin. Estos dos últimos fueron encargados de realizar una misión en Groenlandia. Zarparon con cuatro barcos y destruyeron la flota enemiga, regresando a San Juan de Luz con once naves apresadas.

A partir de la segunda mitad del siglo mencionado, destacaron por su especial bravura dos filibusteros vascos en las costas del Caribe. Se trata de "El Olonés" y Mitxel "el Basco". Del primero se dice que era de Les

Sables-d'Olonne (Vendée), mas del segundo se desconoce su lugar de origen. El primero había dejado el golfo de Vizcaya en 1650, sirviendo a bordo de un buque de filibusteros, donde destacó por su valor, otorgándosele después el mando de un pequeño barco con el que atacó y apresó numerosas embarcaciones, consiguiendo un inmenso botín. Entre sus acciones más espectaculares destaca la de apoderarse de una fragata enviada contra él por el gobernador de La Habana, con orden de ahorcar a todos los filibusteros menos a su capitán. Reducidos los setenta soldados de la fragata, "El Olonés" los mandó fusilar dejando tan solo a uno con vida, para que llevara al gobernador este lacónico mensaje: "He hecho con los tuyos lo que querías hacer con nosotros".

De vuelta de esta expedición en el islote de la Tortuga, se asoció con Mitxel "el Basco", hacia el año 1666. Reunieron entre ambos seis bajeles, con una tripulación de cuatrocientos hombres, y se dedicaron a recorrer el mar de las Antillas haciendo numerosas presas de buques mercantes. Proyectaron después conquistar Maracaibo, ejerciendo el Olonés el mando a bordo, mientras que "el Basco" se ocupaba de dirigir las operaciones en tierra. Al doblar la punta oriental de Santo Domingo, encontraron dos buques españoles, uno de ellos de dieciséis cañones, tripulado por ciento veinte hombres y cargado de municiones de guerra. Los atacaron y apresaron, recogiendo un botín de ciento ochenta mil libras.

Al llegar al lago de Maracaibo tomaron la fortaleza, cuya entrada estaba cerrada y era defendida por doscientos cincuenta soldados y catorce piezas de artillería. Tras avanzar bajo el fuego enemigo, obligaron a rendirse a los pocos habitantes que no habían escapado. Con este golpe espectacular, los filibusteros se repartieron un botín de trescientos sesenta mil escudos y más de un millón en objetos robados a las iglesias. También se atribuye a Mitxel "el Basco" la osadía de atacar a un buque, llamado *La Margarita*, bajo las baterías de Portobello y apoderarse de él y de un millón de pesos que conducía.

Johanes de Suhigaraitxipi, muy querido por sus hombres, fue otro incansable corsario que logró numerosas piezas recorriendo el Atlántico de norte a sur. Murió en 1694 en aguas de Terranova y, hasta hace pocos años, su tumba todavía podía verse en la pequeña iglesia del barrio de Placentia, en cuyo epitafio se leía: "envieux pour l'honneur de Monsigneur le prince, il alloit, en suivant sa carriere, attaquer les ennemis en leurs mes mes repaires".

El corso se desarrolla especialmente durante el siglo XVIII, con la intervención francesa en la guerra de los Siete Años y, posteriormente, en la lucha por la independencia de los Estados Unidos. En 1757, Bayona y San Juan de Luz fletaron, entre las dos, cuarenta y cinco buques corsarios, armados con setecientos cincuenta cañones, y cuyas tripulaciones sumaban cerca de siete mil hombres. Fueron sus presas predilectas los barcos que, procedentes de América, traían al continente cargamentos de azúcar, café, algodón, tejidos y especias. Tales beneficios se obtuvieron, que compensaron en gran medida a las ciudades costeras de las pérdidas que la paralización del comercio producía como consecuencia de la referida guerra de los Siete Años.

Destacó por entonces el corsario Duler, que con solo veintiún años mandaba el navío *Victoire*, con una tripulación de trescientos cincuenta hombres. Desafiando el poder de la marina real británica, llegó a penetrar en las embocaduras de los puertos de Brigton, Devon y Folkestone. Pese a ser perseguido implacablemente por los ingleses, logró llegar al final de la guerra, retirándose de la vida de corso para dedicarse a viajes de exploración.

Figura no menos importante fue la del corsario Etxeberri, que, por orden de Choiseul, zarpó con destino a las Molucas para conseguir granos de "girafriers" o clavo de especias, y "muscadiers" o nuez moscada, que los holandeses monopolizaban en sus plantaciones de Indias. Partió con dos navíos: el *Etoile*, mandado por él mismo, y el *Vigilant*, por M. de Fremignon. La expedición obtuvo gran éxito, y el corsario recibió como recompensa la Cruz de San Luis y la autorización para agregar a sus armas la divisa: "Virtute et animo ditavit Galliam".

Otro corsario a destacar fue D'Albarade, nacido en Biarritz en 1743. A bordo del *Laburdi*, de San Juan de Luz, buque de quinientas toneladas, y tras permanecer varios meses en el mar, regresó a San Juan de Luz con trece presas, en su mayoría inglesas. Al año siguiente embarcó en el *Minerva*, de Bayona, con el que cruzó el paso de Caláis desafiando la vigilancia inglesa, poniendo proa al mar del Norte, donde capturaría un galeón escocés. Terminada la guerra de los Siete Años, se enrolaba en la marina regular. Pero vuelve a la vida de corso en 1779, mandando un buque de Morlaix, el *Duchesse de Chartres*. Nuevamente desafía a los ingleses, pero esta vez cae herido y es hecho prisionero, permaneciendo durante un año en Inglaterra hasta que, recuperado de sus heridas, retorna al continente. Se le da entonces el mando del *Aigle*, de Saint-Malo, con el que efectuaría dieciséis capturas de navíos británicos.

D'Albarade practicaría el corso durante muchos años, hasta que, acusado de enrolar desertores de la armada, es arrestado y se le retiran sus patentes de corso. Entra a prestar servicios en la armada real francesa y es condecorado por sus servicios con la Orden de San Luis. En 1792 se le confía la misión de restablecer la disciplina en la armada, relajada a consecuencia de la Revolución. Tal misión le valdría ser nombrado Ministro de Marina en 1793. En 1800 se retiró del servicio activo y, aunque solicitó ser readmitido durante el Imperio Napoleónico, no fue aceptada su petición. Con la Restauración, Luis XVIII le fijó una pensión y le nombró Oficial de la Legión de Honor. Murió el 31 de diciembre de 1819.

Otro legendario corsario de Lapurdi fue Etienne Pellot de Montvieux. Nacido en Hendaya el 1 de septiembre de 1763, embarcó con solo quince años en el buque corsario *Marquise de Lafayette*, que tenía por misión vigilar los convoyes de soldados franceses que, a las órdenes de Lafayette, lucharían por la independencia

11

de los Estados Unidos. Durante algunos meses navegó por las costas de Inglaterra y las Antillas, consiguiendo hacer varias presas. Más tarde se hizo ballenero y sufrió un naufragio en Islandia, durante el que estuvo a punto de perecer. En 1793, embarcó en Burdeos en otro navío corsario, el *General Dumouriez*, de veintidós cañones, que tomaría preso al galeón español *Santiago de Chile*, que portaba un cargamento de oro valorado en veinticinco millones de pesetas.

Pellot fue apresado por los ingleses en una de sus escaramuzas, siendo llevado al puerto de Portsmouth, de donde lograría escapar más tarde y regresar al continente. Su actividad de corsario afortunado concluye en 1812, retirándose a su Hendaya natal, pueblo del cual llegaría a ser alcalde. Murió, a los noventa años, el 30 de abril de 1836.

Antes de dar por terminado este capítulo, que forzoso es que concluya en 1856, bajo la Restauración, al ser abolida la práctica del corso, necesario es hacer referencia al que puede considerarse el último de los filibusteros vascos: Pierre Laffitte. Su figura inspiró a Lord Byron su famoso poema *El Corsario*. Laffitte operó a principios del siglo XIX en la costa de Louisiana, teniendo su refugio en la bahía de Barataria, y murió, en 1814, combatiendo contra el gobernador de Nueva Orleans.

José Dueso, *Historia de la navegación vasca*

Al lector

No vayas a creer, amigo lector, que me propongo fastidiarte con uno de esos prólogos en que el traductor, bajo el pretexto de convencer al que compra su libro de la utilidad de una mercancía que sale de los talleres de su imaginación, no tiene generalmente más objeto que abultar con unas cuantas hojas más el volumen de su libro, o, lo que es aún más chusco, hacer por sí propio la apología del mismo. Nada de eso. Lo único que creo deber escribir en este sitio, es lo estrictamente necesario para rendir un justo tributo de amistad literaria al autor de los *Corsarios de Bayonne*, por haberme presentado, con su obra, ocasión de dotar a mi país de un libro más de amena lectura que, si no de los más buscados, tengo la presunción de que tampoco será de los destinados al limbo de los impresos, quiero decir de los que mueren presa de la polilla en los estantes de un librero. Sabe, pues, que M. Edouard Lamaignère, autor original de la presente obra, nació en Bayona el 25 de marzo de 1805; que fue redactor del *Courrier de Bayonne*, del *Journal du Peuple* y de la *Gazette de Biarritz*, y que, además de los *Corsarios*, escribió otra obra no menos apreciable, aunque de distinto carácter, titulada *Bayonne et les Chemins de fer:* esta fue su obra póstuma, puesto que inmediatamente después de darla a la estampa, Dios le llamó a sí en 29 de marzo de 1861.

Ya sabes ahora, lector amigo, quién es el autor de los *Corsarios de Bayonne*. Deseo que, durante su lectura, no te suceda cosa alguna que pueda contrariarte en el placer que creo hallarás en ella, por poco aficionado que seas a cosas de mar, y, como supongo que estarás ya impaciente por embarcarte, moralmente se entiende, a bordo del *Invincible Napoléon*, del *Général-Augereau*, o de la *Citoyenne-Francaise*, valientes buques que sirven de teatro a las hazañas de los héroes de esta historia, levanto aquí mi pluma de acero, a fin de que no digas que te fastidio, cosa que haría muy poca gracia al que, con este motivo, tiene el honor de suscribirse tuyo afectísimo amigo y traductor.

Marcos Latasa

Prólogo del autor

Los *Corsarios de Bayonne* son figuras históricas. Los valientes marinos, de quienes cuento las hazañas, están todos presentes en la memoria de los viejos bayonenses. Los rasgos de audacia, de rara intrepidez, que abundan en esta obra, han sido ejecutados por ellos. y, aquí, creo deber indicar cómo estos episodios tan interesantes han venido a mi conocimiento, puesto que no habitaba aún en este mundo cuando tuvieron lugar, y que nuestros bravos marinos nunca han hallado una pluma que haya pensado en conservar entre nosotros el recuerdo de su brillante carrera.

La relación de la mayor parte de los episodios que describo, la he oído a marinos que habían sido actores de estas escenas dramáticas. Citaré entre otros a MM. Mainjou, padre, François Villeneuve y Pierre Garrou. Manuscritos dejados por el intrépido capitán Soustra, me han puesto al corriente de sus magníficas campañas. He oído a Pellot, el célebre Pellot, entrar en detalles tan circunstanciados como interesantes sobre su calaverada en la Ópera de Burdeos, su feliz evasión de Inglaterra y el robo del corsario inglés que ejecutó él solo. En cuanto a los episodios en que figura el Emperador Napoleón I, son auténticos; los debo a testigos oculares y dignos de fe.

Arreglada esta pequeña cuenta, conozco la necesidad de dar aún una explicación, inútil tal vez, sobre la manera en que a los ingleses se les trata en esta obra; no se dice nada bueno de ellos y se les zurra muy a menudo. Esto es también histórico.

Hoy, andamos de bracete con estos altivos insulares que son aliados nuestros a toda prueba. ¿Pues, entonces? Retrocedamos cincuenta años.

He debido, bajo este concepto, conservar a mis corsarios su color local intacto, sin alterar en nada sus maneras de animosidad franca y decidida. Era este un deber para mí. Mi trabajo, de otro modo, hubiera llevado consigo la tacha de un grave anacronismo.

Hallándose muy extendida en Francia la afición a la literatura marítima, este libro es adecuado a todo tipo de lectores, quienes hallarán, leyéndolo, al menos así lo espero, un pasatiempo instructivo y agradable. Pero lo dedico de un modo muy especial a los marinos, por quienes ya se sabe que tengo una especial predilección. Deseo que contribuya a que, durante las lentas horas de calma cuando el buque no se mueve más que una boya, el tiempo les parezca menos largo, y termino estas líneas deseándoles a todos, una salud próspera, buenos fletes, o grandes sueldos, y travesías rápidas y favorables.

Edouard Lamaignère

Introducción

Lorsqu'éclatent la nue
Et la foudre en courroux
Lorsque la mer émue
Se déroule sur nous,
Sous nos pieds, sous nos pieds, sur nos tetes
Quand grondent mer et vents.
Entre ces deux tempétes
Nous passons triomphants!

I

¡Para nosotros el mar y sus rientes caprichos! ¡Para nosotros el mar y sus furores!

¡Nuestro es el marino intrépido, naturaleza excepcional, incomprensible, no definida! El marino bueno, sencillo, cándido, indiferente, turbulento como un niño, en tierra; pero grande, noble, sublime, terrible cuando lucha contra el viento, la mar, el rayo y la tempestad, o cuando clava en el palo su bandera a la faz del enemigo, en medio de una granizada incesante de hierro que destroza el aparejo, atraviesa la madera, y siembra de cadáveres la cubierta del buque, cuyos imbornales se truecan en cascadas de sangre.

¡Qué hermosa es la mar cuando, levemente ondulada, bajo el cielo azul de los trópicos, la ola se balancea muellemente y viene, flexible, perezosa, a suspirar, como lasciva cortesana, con dulce murmullo, a las doradas arenas de la playa!

¡Cuán bella, pero cuán terriblemente bella es la mar cuando de criolla amorosa transformada en bacante furiosa, se retuerce con rabia en la orgía, y cuando sus caricias son apretones de muerte! ¡Huid!, ¡huid entonces de su teatro de dramas siniestros! ¡Ved!, el cielo está negro, el viento muge y exhala el grito de los difuntos; el relámpago surca la nube, las olas altas y cóncavas se levantan amenazadoras sacudiendo sus blancos penachos; avanzan; avanzan, y todo tiembla a su contacto; ¡pobre del que se atreva a arrostrarlo!; rompen indómitas, hieren, tuercen, pulverizan, llevan consigo cuanto les sirve de obstáculo; pasan…, y una planicie de espuma queda tras ellas; blanco sudario, ¡signo horrible de destrucción!

Pero también, ¡cuán sublime es entonces el marino!

La mar rueda y salta amenazadora bajo sus pies, el cielo se abre sobre su cabeza, el huracán truena en los aires, y él, el *rey de la creación*, ¡se muestra a la altura de su papel! Débil, desarmado, su genio hace frente a los elementos reunidos. Lucha con serena energía y gana la victoria.

¿Se trata de uno de aquellos dramas sangrientos en los que se juega el honor de la patria, de uno de aquellos duelos a muerte, terribles, espantosos, entre dos tripulaciones enemigas, escenas de horrible destrucción en las que centenares de hombres a que solo unas tablas separan de la eternidad dan y reciben la muerte y se sepultan gloriosos o ignorados en las profundidades del abismo?

Aquí el marino se presenta aún bajo un nuevo aspecto. Si se halla destinado para la maniobra de un cañón, le veréis desplegar una sangre fría admirable. Si, como gaviero ágil, es llamado para las maniobras altas de a bordo, lo veréis acróbata improvisado, suspendido por un hilo en el espacio, disparar un tiro con el aplomo de un consumado veterano.

Pero el bello ideal del marino francés, es, cuando después de las primeras andanadas cambiadas con el enemigo, el bravo comandante manda arribar derecho a él, y cuando la bocina ha lanzado al aire las palabras mágicas: *¡Al abordaje!*, que oído en los penoles de juanete ha penetrado hasta el fondo de la bodega. ¡Qué grande, qué admirable es entonces el marino!

Apenas el bauprés se ha enjaretado en los flechastes del enemigo, cuando ya, sobre este puente improvisado se abalanza con los ojos ardientes, y, a pesar del balanceo y de las cabezadas, una multitud numerosa de intrépidos muchachos, verdaderos demonios encarnados, que, empuñando el sable, el hacha, la pica o la pistola, caen sobre la cubierta enemiga como el rayo, mientras que otros, colgados de las jarcias, a las que comunican un leve movimiento, se dejan arriar sobre los combatientes en medio de los cuales parecen descender del cielo. Y al mismo tiempo que menudea el fuego de fusilería que sale de las crucetas, truena el cañón, gritos sobrehumanos lanzados por mil delirantes voces se dejan oír; y allí, no hay retirada posible, no hay un solo rincón, un accidente favorable que pueda aprovecharse para atenuar el peligro como sucede en tierra: hay que combatir y vencer; si no, ¡la cárcel o la muerte!, y por sepulcro… el mar.

Después de los desastres marítimos de Francia; después de Aboukir y Trafalgar, la marina francesa quedó como abandonada por el gobierno de entonces, que tenía todas sus miras en el ejército de tierra; y, ya se saben los prodigios que hizo. La marina del Imperio no podía, pues, figurar en la historia sino por servicios aislados, por golpes atrevidos y honrosos ejecutados por comandantes intrépidos, como los hay siempre en Francia al frente de nuestros navíos y de nuestras fragatas.

Pero una página de nuestra historia marítima demasiado descuidada tal vez, es la de aquellos numerosos capitanes de corsarios que en tiempos de la República y del Imperio, supliendo a la dispersión o a la destrucción de nuestras escuadras, han sostenido la lucha con una energía y una perseverancia sin igual. Los rasgos de audacia y de intrepidez de estos hombres extraordinarios son innumerables. Causaron al comercio inglés un daño considerable; ocuparon, persiguieron y tuvieron en jaque a una parte de la marina militar de Inglaterra y eso durante años enteros.

Sería una historia bien interesante la de los corsarios franceses, si una pluma hábil y ejercitada quisiera emprender esta obra nacional. No poseemos sobre el particular más que episodios sueltos. Méry, con su maravillosa fecundia, con su brillante imaginación meridional tan poética, ha ilustrado algunas individualidades provenzales. Gracias a él, a su amor al país que le vio nacer, el nombre de los corsarios marselleses pasará a la posteridad.

¿Quién no ha oído hablar del *Robert Surcouf* de Saint-Malo, y del *Hasard,* aquel barquichuelo tan raquítico, tan frágil que, en Île de France, provocaba la risa y la burla de los criollos que asistían a su maniobra de zarpar? Algunos días después, el *Hasard,* a quien Surcouf había comunicado su vida y su alma enérgica, volvía a su punto de salida arrastrando a remolque una fragata de la India, la *Tritón,* cargada de millones, y de la que se había apoderado a pesar de sus trescientos hombres de tripulación y de su formidable batería; y aquellos mismos colonos le aplaudían, le admiraban, ellos que habían querido ponerlo en ridículo una semana antes… Así es la naturaleza humana.

Sí, pero es que Surcouf tenía entre los tripulantes del *Hasard* a Garneray, que llegó a ser uno de los mejores pintores de marinas de Francia, y que inmortalizó aquella hazaña de una audacia inaudita en uno de sus más bellos cuadros. Pero Robert Surcouf, de Saint-Malo, murió millonario, y este solo título bastaría en nuestra época para que encontrase aduladores que canten sus hazañas militares.

Si cada puerto de Francia ha tenido sus héroes de este género, que en su mayoría han muerto ignorados, es nuestro deber sacar del olvido, en la medida de nuestras fuerzas, a los valientes que, en medio de los mayores peligros, de las circunstancias más críticas, han sostenido tan alto y firme el pabellón de Bayonne.

Nuestro puerto ha producido, durante las guerras de la República y del Imperio, corsarios cuya nombradía ha tenido un eco que ha conmovido más de una vez al almirantazgo inglés.

Concentremos nuestros recuerdos de la niñez; evoquemos la tradición de los viejos y nobles restos de aquellas épocas gloriosas, a quienes vemos aún entre nosotros como indicación viva de lo que fue y, ayudados de una voluntad sin límites, alcanzaremos quizá el fin que nos hemos propuesto, que es el de sacar del olvido las hazañas, los altos hechos tan numerosos de los intrépidos *Corsarios de Bayonne*.

II

Sería una larga historia, palpitante de interés, la que relatase los episodios diversos, las atrevidas acciones, las grandes hazañas de los corsarios de Bayonne. Daría materia para varios tomos con lugar señalado en la biblioteca de la ciudad. Mientras esta empresa no sea acometida por una iniciativa inteligente, y puesto que nos resulta imposible, dada la exigüidad del lienzo, presentar un cuadro completo de tan amplio panorama de gloria para nuestra ciudad, debemos escoger, con la dificultad que ello presenta, y elegir entre sus bien adquiridas famas marítimas.

Garrou, Jorlis, Pellot, Soustra, Darribau, Capdeville, han hecho celebérrimos los nombres del *Amiral-Martin,* del *Invincible Napoléon,* del *Général-Augereau,* de la *Mouche,* del *Atalante* y del *Grand-Décidé,* valientes barcos a los que sus intrépidos capitanes parecían haber comunicado sus almas de fuego. Para ellos estas primeras líneas. A los demás héroes de aquella época de gigantes, no los olvidaremos.

CAPÍTULO I

A la voz de *¡barco viene!,*
Es de ver
Cómo vira y se previene
A todo trapo a escapar.

ESPRONCEDA

La salida

Eran los primeros días de la primavera. La noche descendía, lenta, cubriendo con su sombrío velo la ciudad de Bayonne, tumultuosa y animada como ciudad fronteriza en tiempo de guerra.

Aumentaban la animación, aún más, las numerosas tripulaciones de los corsarios del país que habían venido a renovar víveres, al paso que reparaban las averías de recientes combates, nobles cicatrices recibidas en encuentros gloriosos, sobre las cuales los ojos más indiferentes se fijaban con orgullo.

La calle de Cordeliers, *rendez-vous* obligado de los marinos en aquella época, destacaba entre todas por un ruido y un tumulto ensordecedores, y por lo raro de las escenas que allí se representaban. Sus numerosas tabernas estaban llenas de lobos de mar sentados a las mesas; otros marinos, formando grupos, hablaban animadamente en la calle. Mujeres, graciosas muchachas, circulando por entre aquellas caras morenas y características, daban un colorido pintoresco a aquel cuadro, del cual se destacaban algunas parejas sueltas, departiendo confidencialmente en el tránsito de una puerta entreabierta, o al abrigo protector de los arcos que adornan de una manera casi fea una parte de la calle. Cantos, gritos, voces confusas, choque de vasos y de botellas anunciaban a los habitantes *no pacíficos* del barrio, que la noche sería medianamente agitada, circunstancia, por lo demás, habitual en ellos, y contra la cual estaban perfectamente aguerridos desde hacía mucho tiempo.

En uno de los principales *tabucos*, cuyo letrero reflejaba una marina de algún Vernet de contrabando a cuyo pie se leía: Al *Lougre-Brillant*, se había reunido la tripulación de un corsario que estaba de salida, el *Invincible-Napoléon*, bien conocido de los ingleses, que le admiraban y temían, y esperaba fondeado en el Boucau el momento favorable para emprender uno de aquellos viajes de aventuras, cuyo drama tenía desenlace en Francia en medio del oro y las orgías, si tenía buen éxito, y en los pontones ingleses o en el fondo del mar, si la suerte era desfavorable.

Un hombre de estatura gigantesca, ancho de espaldas, de brazos largos musculosos, estaba en pie, dominando el tropel de los marinos sentados a las mesas, y se hacía notar por la sonoridad de su voz y por la desordenada animación de sus gestos. Un pito de plata con su cadena indicaba que era contramaestre. Era S..., llamado el *Terrible*. Dejando caer sobre la mesa, que casi dislocó, su puño huesudo, capaz de derribar a un buey:

—¡Silencio a bordo! —exclamó con una voz tonante mirando de reojo a los desapercibidos–. ¿Dónde está el que me ha tratado de viejo hablador? Que se deje ver si es hombre... Nadie... En hora buena... Entonces, voy a continuar, pero aguardo abajo a aquel que me interrumpa, si es que en algo estima su pellejo.

—Os decía, pues, compañeros que, estando de servicio, saqué una vez al buque de un paso bien crítico y al comandante de un gran apuro. Figuraos que la costa estaba allí, a sotavento nuestro, la mar dura y arqueada, un balance que no dejaba cosa entera, capaz de hacer desarbolar y, para terminar de arreglarlo, un viento por rachas que tan pronto soplaba para tomar un rizo, como un instante después nos dejaba de batir paños y sacudía la jarcia como si la lona no costase más que el *Dios os ampare* de un rico. ¡Horror de tiempo, va! Hubiera preferido una bella y buena tempestad, bien redonda, bien franca, en la que al menos uno se revuelve, o aun la calma chicha, que es nuestra desesperación, como sabéis. ¡Pero no!, aquello no era ni carne ni pescado; no había forma de hacer la guardia en esta duda. Entonces, me acerqué cautelosamente a la popa, a fin de saber lo que opinaban nuestros oficiales y de dar mi parecer, si es que se me hacía honor de quererlo saber. Es preciso que os diga, compañeros, que a veces me había sucedido ser consultado por nuestro valiente comandante en momentos difíciles, como los que sobrevienen tan a menudo en el mar. Es lo que no tardó en suceder, según yo lo había previsto.

—¿Qué opinas tú de este tiempo marinero? —me dijo el capitán—. Allá abajo hay un chubasco que se acerca y que no me hace ninguna gracia.

—Por Dios —respondí yo resueltamente, porque para mí no hay embarazos y mi lengua se mueve bien cuando se me habla con buenos modos—, salvo mejor parecer, mi comandante, hay que enviar gente arriba, cargar a prisa las gavias, y para amarrar el barco, e impedir el balanceo, nos queda la mayor...

—¡También deberíais cargarla arriba! —interrumpió de en medio de la multitud una voz sonora, tan fuerte, tan fuerte como la del elocuente contramaestre, aunque menos ruda.

A esta exclamación, tan atrevida como inesperada, todos los marineros, vivamente interesados en el discurso de su jefe, se miraron admirados, esperando la respuesta que se avecinaba. Este, rojo de cólera y de indignación, extendió su brazo formidable por el lado de donde se le había interrumpido, exclamando:

—¡¿Dónde está ese marinero de agua dulce, ese barquerillo del Adour que se atreve a hablar así delante de mí?! Que se presente, y seguro estoy de que jamás ha manejado el lampazo ni ha subido por un flechaste. Que venga, digo, ese mozo, ese paje, incapaz de distinguir un cable y una guindaleza, a ver si le curto su piel de negro.

En el mismo instante, levantose un hombre y cuadrándose ante el contramaestre furioso le miró con la mayor calma. Parecía dotado de una fuerza atlética que se reflejaba en todos los movimientos de su cuerpo admirablemente proporcionado.

—Oye –le dijo–, te han tratado ya de viejo hablador, y yo quiero convencerte de tu ignorancia crasa en materia de marina. Te lo he dicho ya y te lo repito: tu vela mayor, debías haberla cargado lo mismo que las gavias. Me has tratado de mozo, de paje y de otras muchas cosas. Pues bien; heme aquí ahora; mírame cara a cara. Si tú eres contramaestre de Jorlis el acuchillador, yo lo soy de Pellot, que no teme a nadie. El *Général-Augereau*, créelo, es tan conocido de los ingleses como tu *Invincible*. Respecto a mí, soy Imatz, de Ciboure, a quien jamás ningún hombre ha infundido miedo, tenlo entendido. He doblado los dos cabos, *Hornos* y *Esperanza;* he combatido de muy joven a las órdenes de Suffren; me hallaba a bordo de la fragata la *Psyché* en la India, con Bergeret. A toca penoles con un navío de 74. Has debido oír hablar de este combate glorioso en el cual nuestro bravo comandante hizo tal destrozo a bordo de su terrible adversario, que nos concedió una capitulación honrosa, ni más ni menos que si hubiéramos sido pedestres atrincherados tras un fuerte en tierra. Y, ahora, vuelve a cobrar tus cables y tus espías; tengo manos que han retorcido más brazas de filástica que pelos tienes tú en la barba, y si quieres probar su potencia, ¡paso adelante, gran caimán!, te preparan un recibimiento tal, que tus viejos huesos se quejarán y gemirán por mucho tiempo.

Las cosas, según se ve, habían llegado a un diapasón tal, que parecía inevitable un combate entre los dos campeones. Los marinos, enardecidos por abundantes libaciones, se preparaban para no ser espectadores ociosos de la lucha. Ya los vascos se formaban en fila detrás de Imatz su compatriota. Los bayonenses rodeaban al contramaestre del *Invincible*. Un solo golpe dado por una u otra parte, y se hacía inevitable una escena de carnicería entre estos hombres jóvenes, ardientes, de pasiones enérgicas, indomables, avezados a jugar con la vida… Pero un hombre apareció de repente en la puerta del *Lougre-Brillant*, como el *Deus es máchina*. A su vista todo cambia de faz: los más atrevidos, vueltos tímidos como escolares sorprendidos, tiemblan, no chistan o procuran esconderse. Aquel hombre fascinador llevaba uniforme de diario de los oficiales de la armada de la época: el sombrero redondo; un puñalito dorado con mango de nácar, verdadero juguete de niño, se balanceaba sobre su costado izquierdo. Detenido en el umbral, con el cigarro en la boca, jugando con la mano con un flexible junco de Indias, admiraba por su calma y su sangre fría ante aquella escena de violencia pronta a estallar. Se veía que había asistido a otras muchas más serias.

—¡Hola, muchachos! –dijo con una sonrisa burlona–. ¿Qué significa todo ese ruido? –y su voz vibraba acentuada en medio de la calma, acostumbrada como estaba a dominar la tempestad–. ¡No sois ya marinos! ¿No oís la brisa desencadenada que sopla del este? ¿Creéis que el *Invincible* zarpará él solito mañana? ¡A bordo, conejos míos, a bordo! Vamos, bebamos el último vaso y conclúyose… Desatraca y larguémonos a toda vela… Que dentro de una hora todo el mundo esté en su hamaca, y no os dé cuidado lo demás: *¡Yo soy el pagano!*

Estas últimas palabras mágicas que cortaban tan favorablemente el nudo gordiano, fueron acogidas con un *hurra* general dado por aquella masa de pechos vigorosos.

Los cristales viejos de aquel antiguo barrio se estremecieron como a resultas de una conmoción eléctrica, y los centinelas del Château-Neuf y de la puerta de Mousserole, creyendo que había revolución, gritaron: *¡A las armas!*

Después del episodio que acabamos de contar, el aspecto de la calle de Cordeliers cambió repentinamente de faz. Si no el silencio y la calma, restablecióse al menos la paz. La palabra de marcha fue la hechicera que operó la fusión y destruyó hasta el más ligero germen de discordia entre aquellas naturalezas fuertes, sobrexcitadas, cuyas pasiones, cuya actividad devoradora acababan de recibir una nueva dirección. El grito: *¡Embarca, embarca para el Invincible!*, resonaba frecuentemente, y se veía a los robustos marineros pertenecientes a la tripulación de este valiente buque, buscarse, agruparse, formarse para la salida. Las madres, las hermanas de estos bravos que iban a emprender una nueva campaña tan azarosa, en aquella época preñada de peligros y de gloria, estaban allí, colgándose de los brazos o de las espaldas de los seres queridos. No hay nada más expansivo, ya se sabe, que los hijos del pueblo: la naturaleza en ellos se lanza libre y no tiene esas formas de etiqueta que se encuentran en las clases más elevadas. Lloraban, se abrazaban, y la esperanza de un próspero regreso, cuya perspectiva sombría y cargada de nubes borrascosas ofrecíase no obstante en el incierto porvenir, podía solo ayudar a calmar los dolores de la separación.

Imatz, de Ciboure, el contramaestre del *Général-Augerau*, que estaba amarrado en el puerto de San Juan de Luz, cumplía al mismo tiempo una misión de confianza, de que le había encargado su capitán. Había sido enviado a Bayonne para saber exactamente el momento de la salida del *Invincible*, con el cual Pellot debía reunirse en la mar, para hacer el corso juntos. Así es que, desde que Imatz vio a los marinos del *Invincible* prepararse para ir a bordo, llamó de un modo particular a los vascos que le acompañaban, y este pelotón de hombres jóvenes, ágiles y vigorosos, tomó el camino de San Juan de Luz, con la flexibilidad de piernas, con la enérgica elasticidad de músculos que distingue a los hijos de Cantabria.

Entretanto la valiente tripulación del corsario bayonés llevando a la cabeza a Martin, Sablon, Magnés, Dibiri,

Mathurin, Mougnon, al terrible S., y a otros individuos bien conocidos, se dirigió hacia la orilla del Nive, donde una treintena de botes y embarcaciones menores del puerto los esperaban para llevarlos a bordo. Hubo un último y solemne adiós muy expresivo, que resumía los afectos familiares al dejar la tierra firme para aventurarse en el húmedo elemento. Después, la flotilla cargada, a punto de irse a pique, se puso a bajar el Nive, este canal de Venecia en pequeño, menos los palacios y las góndolas, cuyos habitantes, pacíficos aldeanos, fueron saliendo a las ventanas al oír los viejos cánticos olvidados de nuestros corsarios, de los que, impulsados por un poder irresistible transcribimos algunos fragmentos:

> Nuestro armador nos busca
> En todas las posadas
> Sin poder encontrarnos: (S. R.)
> Para ir al corso,
> En este lindo corsario
> Que va a marear (S. R.)

Esta era la canción de los corsarios. Por su parte, los *boteros* no se quedaban mudos. Tenían también sus coplas, viejas como las ballenas: y en prueba de ello, aquí va una muestra que tiene por objeto asegurar al sexo tímido, débil y fascinador, contra los coletazos del terrible cetáceo, que en tiempos frecuentaba con asiduidad nuestros lugares.

> Entrad, señoras, si os place
> Cual compañeras honradas.
> No temáis al mareo
> Ni al golpe de la *escoba*,
> Con nosotros: que un *chatelié*
> Es un valiente botero.

Digamos, al paso, y como simple circunstancia de hecho local, desde el punto de vista de la transformación de las costumbres y de los usos, que el *bote cuadrado*, aquel sistema obligado de locomoción náutica vene-

29

rado por nuestros padres, se va. Algunos raros indivi-duos de la especie vagan aún hoy, avergonzados y con-fusos en las aguas del Nive, ¿sirviendo de qué? No podría asegurarse. Dentro de poco tiempo, pasarán al estado de *mitho*. Ya no se construyen: están destronados, como las *artolas*, como el antiguo *chalibardon* (lan-chón), leviatán olvidado del río.

Arrastrada por una corriente favorable, impulsada por brazos vigorosos, la escuadrilla en miniatura que lleva a nuestros marinos ha rebasado la punta de Réduit: entra en las aguas del Adour dirigiéndose a su embocadura. Los conciudadanos, no oyendo ya los cánticos sino como un rumor confuso perdido en lontananza, cerra-ron sus ventanas y se volvieron a acostar con gran con-tento de las amas de gobierno. Hasta el barrio de Cordeliers, antes tan bullanguero, vio a sus actores sepa-rarse, volver a entrar en sus reductos, y una calma insó-lita, profunda, reemplazó a las grandes carcajadas de la orgía. Todo dormía o se aprestaba para disfrutar del des-canso.

Tan solo una larga piragua negra, afilada, estacionaba todavía en las orillas del embarcadero. La montaban seis remeros jóvenes y vigorosos, que estaban de espera, sen-tados sobre los bancos de la graciosa y esbelta embarca-ción.

A poco rato, un hombre que llevaba el uniforme de oficial de marina apareció y saltó ágilmente a bordo. Los marineros empuñaron vivamente sus remos, que tuvie-ron levantados, rectos, y al mando de: *¡Desatraca!*, arti-culado con una voz breve, los seis remos bajados simul-táneamente y manejados por brazos nervudos, hicieron volar la ligera embarcación a través de la ciudad. Alcanzó, en el fondo de las Alees-Marines, la masa de embarcaciones menos rápidas que llevaban a nuestros marinos, alegrando su corta travesía con cantos báqui-cos, y escurriéndose por en medio de ellos como un largo reptil negro. Los transpuso en un abrir y cerrar de ojos. Pocos momentos después, estaba en las aguas de un corsario, de casco bajo y prolongado, de formas finas y elegantes, con arboladura alta inclinada hacia popa, que estaba fondeado en medio del Adour, y, a cuyo *Quién vive*, una voz fuerte respondió: *¡Comandante!* Y este comandante era Jorlis, el célebre capitán del corsario el *Invincible Napoléon* que, a fin de evitar los desórdenes inherentes a una salida a corso, había querido reunir y conducir por sí mismo a bordo su valiente tripulación.

También, la escuadrilla bayonesa atracaba luego a los costados del corsario, sobre los cuales desaparecieron los hombres que componían su tripulación. Cada cual volvió a su hamaca, y un silencio profundo se sucedió a los destellos de la más expansiva alegría.

Tan solo algunos marineros de los más jóvenes quedaron sobre cubierta, donde se pasearon aún por largo tiempo, con la mirada fija en las casas de Boucau, en cuyas ventanas veíanse dibujadas las esbeltas formas de algunas jóvenes que dirigían una última mirada al casco negro del corsario y a la simetría de su guinda que se destacaba en el azul del cielo. Era un último y misterioso adiós simpático, intercambiado en el silencio de la noche entre amantes corazones. Brillaban luminarias acá y allá en algunos puntos de la aldea, faros de amor, último consuelo en la víspera de una separación que podía ser eterna.

Al siguiente día, al alba, el sonido bien conocido de la concha marina de Boucau llamó a los prácticos a su puesto. El pequeño freo tomó de repente una animación extraordinaria. Una larga lancha blanca. que siete vigorosos remeros hacían volar en el agua, se dirigió hacia la barra para sondar la pasa e indicar el canal que debía seguir el *Invincible*. Guiaba el práctico mayor encargado de la delicada misión de dirigir los barcos a la entrada y salida del puerto. Otras dos lanchas de prácticos vinieron a los costados del corsario, que empezó a zarpar. Las amarras de tierra se largaron y halaron a bordo. Entre los marinos, los unos inclinados sobre las vergas largaban las velas, los otros viraban el molinete para levar el ancla, otros, en fin, arranchaban todo sobre cubierta para que la tripulación tuviese sitio para sus movimientos.

Mientras se hacían estas diversas maniobras, con la presteza que para zarpar distingue al marino francés, Jorlis, con los brazos cruzados, colocado sobre el banco de guardia, con un práctico, seguía con la mirada la ejecución de las tareas.

Un silbido agudo hendió el aire, los hombres del molinete se pararon, y una voz fuerte, que salía de proa, hizo oír estas palabras:

—¡El ancla está a pique!

—¡Larga! –contestó el práctico después de echar sobre la arboladura una ojeada que le bastó para ver que todo estaba listo. Entonces el ancla dejó el fondo, izose fuera del agua y, orientadas todas las velas, a impulso de una ligera brisa fresca del este, el valiente corsario, agradecido a aquella vida, a aquella existencia que se le comunicaba, púsose en movimiento, rompiendo el oleaje, débil obstáculo para su afilado casco.

Ved: la aldea del Boucau está ya lejos tras él; los muelles parecen huir, la Torre de las Señales queda traspuesta, y apenas han pasado algunos minutos desde que se han roto los lazos que retenían cautivo al hermoso corsario. Helo allá, luchando con el océano; adversario cortés, le saluda con tres golpes de balance al pasar la barra –es lo menos que debe al mar que lo lleva y cuya superficie va a surcar en todos sentidos, a la mar que contiene sus destinos.

Queda franqueada la barra; las chalupas de los prácticos que han acompañado al *Invincible* fuera de los peligros desamarran y vuelven a entrar en el puerto. Libre, por fin, y sin estorbos, el hermoso buque se lanza a través del espacio con su incomparable rapidez, con su gracia sin igual.

Mas… un punto blanco se dibuja en el horizonte, hacia el fondo del golfo. Una vela rápida se hace al mar desde un punto cercano. ¿Es un amigo que viene al encuentro de nuestro *Invincible?*, o bien, ¿debe temer, un lazo preparado desde su salida por los hijos de Albión, que predominan en todos los mares y bloquean casi todos los puertos franceses?

El marinero

El *marinero* es un término de marina que tiene varios significados. Aquí es el equivalente a *hermanos de armas.* Así, dos marinos que trabajan juntos, ayudándose mutuamente, y que se habrán jurado amistad eterna, suceda lo que suceda, son marineros el uno del otro; dos buques que cruzan en buena armonía, prontos a sostenerse, a ayudarse con un fin común, están también en igual caso. El marinero hablando de su camarada dirá: *mi marinero*, como el capitán Jorlis exclamaba, después de su salida de Bayonne, dirigiendo su anteojo de larga vista por la parte de la bahía de San Juan de Luz: ¡Toma!, ¡una vela! ¡Ya! ¿Será *mi marinero?*

Y este marinero del *Invincible* que debía emprender un nuevo crucero acompañándolo, era el corsario *Général-Augereau*, mandado por el célebre Pellot de Hendaya: Pellot, cuya carrera de aventuras, llena de rasgos de audacia, de abordajes, de evasiones milagrosas, suscitaba en aquella época un justo entusiasmo entre los nobles hijos del océano

Pellot, que había sido prevenido en la noche por el activo Imatz de la salida del *Invincible*, según lo hemos relatado, se había apresurado, desde el alba, a largar las amarras que retenían a su corsario en el muelle de San Juan de Luz. Remolcado por dos trincaduras armadas con veinte remos cada una, atravesó la bahía, y después de haber rebasado las dos puntas de Sainte-Barbe y el fuerte de Sokoa, braceó su velamen en punta para reunirse con el *Invincible* que llegaba, a un largo, de Bayonne.

Los dos atrevidos corsarios, después del hurra de bienvenida dado por las tripulaciones, hicieron proa al oeste, navegando en conserva para doblar el cabo Machichaco y empezar su crucero aventurero.

El viento era fuerte, la mar estaba bella, alejáronse rápidamente; algunas horas después, el observador colocado en los arenales del País Vasco que dominan el mar, no tenía ante sí más que un horizonte limpio de navegantes.

¡Pellot!, ¡Jorlis! Para quien ha conocido Bayonne en la época de los corsarios, estos dos nombres prometen…, están llenos de episodios interesantes. ¿Corresponderán a lo que de ellos se espera?

Ya lo veremos.

CAPÍTULO II

Soy pirata y al rumor
De hechos y victorias mías,
En medio de sus orgías
Palidecen de terror
Cuantos oprimen la tierra
¡…Sangre y guerra!

Soriano

Crucero

Combate de Pellot contra dos cartas de marca inglesas. — Apresamiento de un convoy de diez velas

Tres días después de su salida del puerto, los dos corsarios habían surcado en vano las aguas del golfo, sin volver a encontrar ni enemigos que combatir, ni presas que hacer. Los dos capitanes estaban de bastante mal humor. Se reunieron en consejo con sus principales oficiales en la cámara del *Invincible*. La llama azulada de un enorme jarrón de ponche alumbraba con sus reflejos a aquellos hombres enérgicos. Después de los primeros momentos consagrados a catarlo, Jorlis tomó la palabra en estos términos:

—No hemos tenido suerte, señores, desde nuestra salida; corremos bordadas sin más ganancia que dos yates de recreo del Támesis; ni la más pequeña presa que hacer, ni una trompadita que dar o recibir; la mar del golfo está libre. Pues los corsarios ingleses se han hecho a la mar, hay que salirles al paso de los buques mercantes. Pero creo también que habría más probabilidades de éxito si nos separamos, y es lo que te propongo, querido Pellot. Tenemos dos líneas que seguir, norte y sur: te dejo la elección.

—Entendido –respondió Pellot, sacando un papel de su bolsillo–; acepto tu proposición. Pero, primero, hay que destruir nuestro pacto –y uniendo la acción a la palabra, entregó a la llama del ponche el acta de sociedad que ligaba a los dos corsarios para esta campaña.

Pocos instantes después, Pellot se embarcaba en una piragua ligera, verdadero nautilus manejado por cuatro vigorosos marineros que en pocas remadas alcanzó al *Général-Augereau* de frente, a una corta distancia y que tomó inmediatamente la borda al norte, mientras que Jorlis braceaba para internarse en el sur al encuentro de algún rico galeón procedente de las Indias.

Apenas habían pasado veinticuatro horas desde la separación de los dos corsarios. Favorecidos por el tiempo y por su marcha superior, se encontraban separados por una distancia considerable, cuando el tope colocado en el palo mayor del *Général-Augereau* hizo oír este grito, que tan vivamente impresiona a una tripulación en tiempo de guerra: "¡Velas! ¡Velas a sotavento!" Y, al instante, todos los anteojos, todos los ojos, fijáronse en la dirección indicada.

Veíanse varios objetos bosquejarse en el horizonte. Urgía asegurarse lo antes posible de si era convoy y de la fuerza de su escolta.

Con su habitual audacia, Pellot, sin detenerse a pensar que podría tener que habérselas con una escuadra inglesa, ordenó avanzar a la banda de los barcos que había a la vista.

El gracioso corsario, secundando las intenciones de su capitán, se escurría con rapidez sobre la mar, hendía, dividía las olas con ardor. Así, al poco tiempo se salió de dudas, y la más viva alegría cundió a bordo. La intrépida tripulación se hallaba en presencia de un convoy de diez velas, escoltado por dos *corsarios ingleses* de veinte cañones cada uno. Pellot no tenía más que doce piezas de a ocho, pero no vaciló un momento en presentar el combate al enemigo más próximo: era el *Lovely*.

Nada puede dar una idea de la admiración que experimentó el insular al verse atacado francamente, con resolución, por un único adversario y la mitad de fuerte que él, que parecía no hacer ningún caso del segundo corsario, que estaba, como mucho, a una milla a sotavento.

El *Général-Augereau* seguía corriendo hacia su enemigo en popa cerrada: el zafarrancho de combate estaba decidido, los artilleros en sus piezas. Veíanse sobre cubierta pilas de sables, de fusiles, de picas y de hachas de abordaje. El ardor más vivo animaba a la valiente tripulación, aunque presintió que la acción sería mortífera. Pero, también, ¡qué hermosa partida! ¡Qué magnífica ocasión! Un convoy de diez buques mercantes que apresar; ¡no todos los días se hallaban semejantes fortunas!

Pellot, subido sobre su banco de guardia, con una bocina en la mano, conservaba en momento tan crítico la más admirable sangre fría. Examinaba con el ojo avezado de marino los preparativos del combate, con la misma calma, la misma tranquilidad de ánimo que si se hubiera tratado de los preparativos de una fiesta. No obstante, la distancia que separaba a ambos buques disminuía visiblemente. El momento decisivo se acercaba:

—¡Hijos! —exclamó Pellot, cuando no estuvo más que a tiro de pistola de su adversario; vamos a arribar para acercarnos honrosamente a aquel inglés: ¡apuntad bien! Y luego ya sabéis lo demás: después de largar la andanada, ¡al abordaje!, y que cada cual se prepare para cumplir su deber. Como siempre, os daré ejemplo. A aquel que flojee o que se bata en retirada, le levanto la tapa de los sesos, ¡¿queda entendido?! Y ahora, ¡¡¡*loff…*!!!

Un hurra que hizo temblar al buque, desde la perilla del palo mayor hasta la carlinga, acogió la corta aunque enérgica alocución del valiente corsario vascongado, y el gracioso buque, obedeciendo al impulso del timonel, desvió de la línea que seguía, picó el viento y presentó el costado a su terrible adversario. A la orden de *fuego* pronunciada con una voz firme, una nube de humo salió de los costados del corsario: fue seguida de una fuerte explosión, de gritos, de gemidos salidos del barco enemigo, de astillas de las maderas, de jarcias rotas y de velas agujereadas que anunciaron que los artilleros franceses habían apuntado bien. El *Lovely*, despertado de su letargo por esta demostración enérgica que estaba lejos de esperar, contestó con una descarga de su batería, cuya repetición podía ser fatal a aquella distancia.

Pero el bravo Pellot, que conocía todos los recursos de su flexible buque, no perdió tiempo.

—¡La caña al viento! —exclamó—. ¡Arriba a la banda y al abordaje!

Esta maniobra, prontamente ejecutada, condujo al corsario francés contra su adversario; los garfios de abordaje fueron lanzados y un apretón convulsivo reunió a ambos contendientes.

Entonces, echando la bocina sobre cubierta, Pellot se lanzó con el sable y la pistola al puño, gritando:

—¡Adelante, muchachos, adelante! ¡Seguidme todos! ¡Que no quede nadie detrás!

Y uniendo el ejemplo a la orden, iba a saltar el primero sobre las batayolas del inglés, cuando una mano de hierro le cogió por el brazo y le obligó a retroceder.

Era su teniente, Duhalde, hermoso joven de San Juan de Luz, lleno de corazón y de resolución, quien le dijo poniéndose a la cabeza de los combatientes:

—Esto me compete a mí, capitán. Estad quieto, el quehacer va a despacharse pronto. Mientras tanto, vigilad el otro buque, que bien pudiera venir a molestarnos, mientras vamos a entretenernos con su camarada.

Y sin esperar la respuesta, el bravo teniente se lanzó al bauprés seguido de Lermet, Imatz, Garat, Berindoague, Belzaguy y un tropel de jóvenes vascos tan listos como intrépidos que se disputaban quién llegaría primero. Se precipitaron como un torrente sobre la cubierta del enemigo, no sin que vieran disputarse vivamente el paso.

El capitán inglés, aunque veía la imposibilidad de resistir aquel ataque presentado con un valor sobrehumano, por aquella tropa de hombres determinados, no por eso dejaba de cumplir con su deber: reunía su tripulación diezmada, la sostenía, la reanimaba con su valor, defendía el terreno paso a paso, exponiendo su persona como un valiente.

El combate era encarnizado: era, a veces, cuando los ingleses volvían a la carga, una horrible batalla, en la cual se luchaba cuerpo a cuerpo; y en esta confusión, el sable, la pistola, el puñal, eran las armas terribles cuyos golpes hacían numerosas víctimas.

Pellot, el audaz corsario, no podía permanecer largo tiempo espectador ocioso del drama sangriento que se representaba a su vista. Después de haberse asegurado de que el segundo corsario no acudía a ayudar a su camarada, cogió una maniobra, cabo suelto que flotaba al viento, se colgó de él y, lanzándose al espacio, cayó como un plomo en medio de los combatientes. Sus pistolas derribaron a los dos primeros ingleses que se le ofrecieron; después, blandiendo su sable de abordaje, aclaró las filas e hizo retroceder a cuantos se le enfrentaron.

El capitán inglés, sentado en la toldilla, conociendo en esta acción atrevida al comandante del rabioso corsario, resolvió decidir la cuestión atacándolo cuerpo a cuerpo; marchó hacia él seguido de algunos de sus más bravos marinos.

Daba al mismo tiempo una orden breve para que una parte de los hombres que le quedaban, pasando fuera de los portaobenques, fuese a atrapar a los franceses por detrás y ponerlos entre dos fuegos.

Esta orden, ejecutada con prontitud, hubiese podido cambiar el aspecto del combate; pero el vigor increíble de un hombre vino a desbaratar los planes del valiente capitán inglés.

En el momento en que se disponía a atacar cuerpo a cuerpo al corsario francés, el bravo Imatz recogió un fusil que se hallaba a sus plantas y con la rapidez del rayo, la energía del trueno, la mirada encendida, sin pronunciar una palabra, hizo avante derribando todo a su paso, y con su irresistible brazo descargó un culatazo tan fuerte en la cabeza del desgraciado capitán inglés, que cayó con el cráneo roto en pedazos.

—¡Separarse! –gritó a sus camaradas, después de esta hazaña–. ¡Dejadme hacer!

Entonces, ejecutando un rápido molinete con la terrible arma en sus manos, descargó con ella golpes mortales tan seguidos sobre todos los que se hallaban a su alcance, que los ingleses consternados, abatidos, desanimados ya por la muerte de su capitán, y no sabiendo si se las habían con un hombre o con un diablo, dejaron de pensar en defenderse y se refugiaron en el entrepuente y en la bodega… Pellot y su tripulación eran dueños del *Lovely*.

Dos tercios de los ingleses habían sido muertos o heridos, y la valiente tripulación francesa pagó asimismo su victoria con pérdidas bastante considerables. El entusiasmo del triunfo impidió que se detuvieran ante esta idea penosa. Grandes gritos de alegría y hurras pronunciados anunciaron la victoria de los corsarios franceses.

Pero, ¿qué había sido del *marinero* del desdichado *Lovely* encargado de dar convoy a los barcos mercantes?

¿A dónde había ido a parar? Vamos a decirlo: al principio había permanecido como simple espectador del ataque. Viendo la inaudita audacia desplegada en las maniobras del corsario, había desertado del combate cubriéndose de lona para alejarse, dejando a su camarada desenvolverse como pudiere. No relataríamos este hecho si no fuese histórico y bien conocido de los antiguos corsarios que existen todavía en Bayonne y en San Juan de Luz.

Después de haber tomado posesión por sorpresa, Pellot pensó en recoger los frutos de este brillante golpe de mano.

Desde los primeros cañonazos, el convoy se había distribuido en todas direcciones, como una nidada, cuya vigilante guardiana atacada por el gavilán de fuertes garras intentase huir de los apretones del pájaro inexorable. Pero Pellot no era hombre que dejara escapar así su presa.

Los cabos sueltos hechos trizas por el plomo inglés fueron rápidamente reparados; no habiendo sufrido los durmientes, mantenían la arboladura en su sitio; el velamen estaba casi intacto. El abordaje había sido mandado y ejecutado con tal prontitud, después de una sola bordada, que un marino concebiría fácilmente que el *Général-Augereau*, con una tripulación activa y bien dirigida, hubiese podido estar al poco tiempo de la acción dispuesto a perseguir el convoy que intentaba huir.

Describiendo a su alrededor un amplio círculo mantenido a cañonazos por si alguien se resistiere, Pellot forzó a los diez buques mercantes a reunirse en el centro mientras él evolucionaba rápidamente en torno. Cuando los tuvo así controlados, puso a bordo de cada buque unos cuantos corsarios bien armados, y después de haber reunido así este rico botín de millones, dio el rumbo y puso proa a Francia, con especiales instrucciones de arribar a los puertos de España en caso de que el encuentro con algún crucero inglés estorbara la travesía.

CAPÍTULO III

Del mundo las costumbres retratadas
En panorama se ven representadas.

MORATÍN

Los corsarios en tierra. — Pellot en la Ópera

La flotilla que tomaba el rumbo de las costas hospitalarias de Francia con un ardor fácil de comprender se componía de doce velas. El *Général-Augereau* y el *Lovely*, que llevaba en su pico una gran bandera tricolor, señal de su cambio de nacionalidad, escoltaban a los diez buques capturados. Estos tenían orden de *largar todas las velas* a tope, es decir, de llevar las más velas posibles para seguir a los corsarios más rápidos y Pellot renegaba al ver estas *escobas para brea* como él las llamaba, quedarse atrás cuando él tenía las velas bajas y los juanetes cargados.

Entonces, tomando consigo los que mejor navegaban del convoy, dejó los demás bajo la custodia del *Lovely* largando lona, y llegó sin estorbo a las aguas de la Gironde, que pusieron a salvo de lo que pudiera pasar una parte de su rica presa.

El resto del convoy llegó a la Rochelle, Bayonne y San Juan de Luz, según el impulso del viento, la deriva del rumbo del barco o la decisión del capitán de presa, que prefería abordar con su fortuna en un punto o en otro.

He aquí, pues, nuestros corsarios en tierra. ¡Tienen oro, oro a manos llenas! ¡Son ricos! ¡Para ellos los goces del rico! ¡Para ellos el lujo y los goces de este mundo! Es una fiebre, una borrachera, un delirio. Cómo se apresuran a vivir, estos hombres, para quienes la existencia es

43

siempre un problema; hoy, llenos de vida, de savia, de vigor, mañana tal vez cadáveres rotos por la metralla, tragados por el océano.

Y, ¡qué naturalezas nobles en medio de estos desórdenes pasajeros! Ved: el botín que corresponde a cada uno está fijado: y sobre de esta fortuna improvisada, desconfiando de sí mismos, aquellos bravos ponen primero a un lado la parte de la familia, que le llegará intacta: la abuela quedará al abrigo de la miseria, conocerá las dulzuras del bienestar. Los pobres, los desgraciados tendrán también su parte de botín, la mano del corsario es ancha y siempre abierta del todo; el oro pasa por ella como al través de una criba.

Sigámosles a esos hombres en su loca cruzada a través de la ciudad monumental asentada sobre las márgenes del río girondino.

Una tropa alegre recorre las calles, hablando en alta voz, cantando, riendo a carcajadas con los gestos más desordenados. Son marinos endomingados, han bebido el trago de la mañana. Se paran ante los más hermosos escaparates: todo cuanto llama su atención de un modo particular, lo compra sin regatear y lo toman incontinenti. Es un reloj, una cadena, un ramillete para el ojal, una cinta ancha para el sombrero, una aguja y sortijas de oro, pendientes. Helos aquí hermosos, atildados, resplandecientes: diríase el cortejo de una casada.

La muestra de un escaparate se ofrece a sus miradas. No han almorzado; entran turbulentamente, llaman a los mozos admirados, sorprendidos, que, sin saber a quién atender, quedan con la boca abierta sin servirlos, retorciendo su servilleta.

—¡Ohé!, los… ¿Queréis darnos de comer y de beber?

—¿Qué vino quieren los señores?

—¿Pues no estamos en Burdeos, por vida de una galerna? ¡Burdeos! Y que sea del mejor.

—Pero… señores, ya sabéis que cuesta seis francos la botella.

—¿Y qué te importa eso, congrio viejo? ¿Tienes miedo de que no se te pague? ¡Toma, mira, toma seis francos!

–y hundiendo su mano callosa en un amplio bolsillo, el corsario la sacó llena de monedas de oro y de plata que desparramó complacientemente sobre la mesa ante los ojos de los mozos maravillados–. ¡Vamos, pronto ahora, atajo de gusanos, u os *sacudo* duro y os parto los huesos a cañonazos!

Los mozos del restaurante esquivan prontamente el puño tendido del marinero, pero se apresuran a volver pertrechados de botellas esbeltas, de largo cuello, de corchos no menos largos, que juzgan el argumento más idóneo para calmar el furor de estos terribles hijos del océano.

—¡Vamos! ¡Buena está! Se te dispensa. ¡A comer, ahora! ¿Qué tenéis para servirnos?

—Si estos señores quieren consultar la carta…

—¡Vete al diablo con tu carta! Nos crees aún en la mar. ¡Toma tu carta, ahí la tienes! Eso es cuenta de nuestros oficiales, para hacer su *punto* –y las obras del Vatel bordelés lanzadas a brazadas, vuelan sobre el rostro del mozo, que esquiva el choque agachándose con presteza.

—¡Crees que tenemos tiempo de *puntear* nuestro almuerzo, trueno de Dios! ¡Tráenos chicalle en masa!, *¡fricandeau* que sea bueno, o, guarda abajo!, pollos, ensalada, café, coñac y todo el temblor, que… ¡después veremos!

Los mozos corren, galvanizados con esta elocuencia característica del marino. La comida se sirve con un entusiasmo admirable. Los manjares *se suceden* y desaparecen como por encanto, atacados, tragados con el vigor digestivo que distingue a estos hombres, cuya joven y fuerte constitución está saturada de aire salino.

Las botellas vacías presentan al ojo desnudo sus cuerpos diáfanos; el moka humea y humedece los labios que se dilatan bajo su contacto sabroso; el coñac circula a la redonda y acaba, con su influencia alcohólica, de elevar a una temperatura superior la atmósfera en medio de la cual están lanzados los convidados.

Pero también, ¡cuántos gritos, cuántos cantos, cuántos gestos!

Los vasos frágiles vuelan en todas direcciones y caen en pedazos; los mozos no se atreven ya a entrar en la sala; hay peligro inminente. La calle está llena de curiosos que escuchan los cantos de la orgía.

Pero todo tiene un fin en este mundo, hasta un almuerzo de corsarios. Es preciso que una emoción suceda a otra emoción. Mil planes son rechazados tan luego como son propuestos para concluir dignamente el día, esperando la hora del teatro, al cual el corsario jamás deja de asistir.

—¡Vamos a pasearnos por el agua!

—¡Gracias!, ya me basta con tanta agua.

—¿Acaso los marinos se pasean de mar a tierra?

—¡Pues bien!, mándenos traer coches, iremos a recorrer la ciudad y después, a arribar a casa de la madre Briguebale.

—¡Bravo! ¡Va! ¡Espléndida idea! ¡Mozo!, la cuenta y coches, muchos.

El mozo se presenta temblando con una nota en la mano. Si el almuerzo vale cien francos le pagan cien escudos. Han roto vajilla y vidrios por valor de veinte francos, la nota pone ochenta. Pero los corsarios no reparan en minucias. Han disfrutado a su manera y eso es lo que cuenta. La factura es pagada sin reparos y los mozos reciben un luis por las *galletas* que les han sido distribuidas. Todo el mundo está contento.

Los coches están en la puerta, el estribo bajado. La tropa turbulenta se engolfa en los vehículos. Solo un joven marino sube a la imperial del coche que está en cabeza. Está provisto de un garfio y de un cabo de cuerda. ¿Con qué objeto? Lo vamos a saber ahora mismo.

—Señores, ¿a dónde hay que conduciros?

—¡Tu anda, no pares galopín, y no te ocupes de lo demás!

Los muchachos excitados, parten al trote a través de las calles cuyos habitantes son atraídos a sus puertas por la alegría expansiva de los marinos. Los coches se siguen en fila. Andan sin detenerse, las calles suceden a las calles. De repente un grito terrible atraviesa el aire:

—¡Fondo!

Es el joven marino encaramado en la imperial del primer coche que se ha impulsado lanzando con fuerza su garfio al corral de una casa cuya puerta está entreabierta. La cuerda atada al coche lo detiene bruscamente, los caballos caen, los cocheros gritan y juran… Un tumulto, una confusión espantosa son su consecuencia. Pero los marinos son felices con la jugarreta de su camarada: ríen, cantan, hunden las portezuelas frágiles y se precipitan con la cabeza baja en la *casa del garfio* donde no les seguiremos y por algo… Los volveremos a hallar en el teatro.

Los cocheros de carruaje, recuperados de su primer estupor levantan sus jamelgos, que no tienen más que algunos rasguños. El viaje les ha sido pagado, sin contar, diez veces su valor. Van a la taberna de la esquina a beber a la salud de los alegres corsarios.

¿Qué hacía, durante esta *vida borrascosa* de su tripulación el bravo capitán Pellot? Pellot era el héroe del día; Burdeos tenía su curiosidad, su *Leon*, que ocupaba todos los espíritus, cuyo nombre volaba de boca en boca. Ya conocido por sus atrevidas acciones, la última hazaña del corsario vasco sobrepujaba en vigor y audacia, todo cuanto había hecho precedentemente. Diez barcos ricamente cargados, escoltados por dos corsarios armados de veinte cañones cada uno, tomados al abordaje, esto era inaudito, fabuloso, sobre todo cuando se consideraba al *Général-Augereau* fondeado en la ría con su casco bajo, angosto, guarnecido de diez cañones de débil calibre, lebreles cuya voz no debía elevarse muy alto.

No por eso era el mérito menos brillante. Los armadores se disputaban al intrépido capitán y las damas lo hallaban encantador. Se disputaban invitarle. Sus días eran una serie ininterrumpida de fiestas no interrumpidas.

También el director del gran teatro de Burdeos, cuyos bailables han tenido largo tiempo la pretensión de rivalizar con los de la Ópera, quiso también presentar su homenaje a estos huéspedes de la mar tan bien acogidos por la población bordelesa. Un cartel monstruo anunció a los habitantes que el baile del día se terminaría con el *salto vasco* bailado por los primeros actores de la compañía. Como puede suponerse, los corsarios fueron puntuales a su cita. No faltaba ni uno. La sala estaba llena.

He aquí cómo hemos oído contar por el mismo Pellot, la aventura cómica que terminó la representación e hizo tanto ruido en Burdeos:

"Yo había asistido aquel día a una gran comida que mi consignatario había dado en honor mío. Me había endosado mi gran uniforme de ciudad.

"Por la noche fui como de costumbre al teatro, que estaba lleno como un huevo. Yo lo digo *francamente*, señores, después de mi corsario y el mar, lo que más amo en el mundo es el teatro. Y pues, ¡el baile! ¡Cómo impresiona eso cuando se han pasado uno o dos meses en el mar! ¡Es para perder la cabeza! También, confieso que la perdí un poco aquella noche.

"Cuado la ópera hubo terminado, los bailes empezaron; yo estaba colocado detrás de la orquesta y abría mis ojos cuan grandes eran para admirar a aquellas graciosas sirenas que, con sus miradas y sus gestos, parecían querer encantarnos, cuando, de repente, salté en mi silla y oí gritos y bravos en toda la sala… Empezaba justamente el *salto vasco*.

"Mis marinos, que estaban en los palcos, ya no se contenían. Costó trabajo imponerles silencio. Yo, señores, tenía mi cerebro, que batía a romper su cubierta. Yo estaba allí, respirando, con el cuerpo inclinado, suspendido de esta danza a la cual no podía mezclarme. Debía de estar digno de ver, ¡palabra de honor! Mi situación no fue ya sostenible: una idea diabólica me atravesó el espíritu. '¿Y por qué no? –dije yo–. ¿Es que temes algo, Pellot? Haz como ante una andanada enemiga: ¡Adelante!' Y al instante, lanzándome por encima de la orquesta, usando de trampolín un contrabajo y un atril, di un brinco sobre el escenario. Era yo tan ágil, en esta época, señores, y mi acción fue tan rápida, que los músicos continuaron tocando, sin apercibirse de nada. Solo una sombra había pasado por encima de sus cabezas; y antes que el público manifestase su admiración, yo exclamé:

"—El salto vasco, ¡este! ¡Quieren ustedes! Pellot el corsario va a demostrarles cómo se baila en Hendaya.

"Ya de un empujón había enviado a uno de los bailarines a diez pasos, y tomando su lugar me estremecí talmente y tan bien, sobrexcitado como estaba por todas aquellas señoritas de vestidos blancos tan cortos y de caras tan sonrosadas, que me superé a mí mismo, yo, uno de los mejores bailarines del País Vasco. Así es que el teatro entero me aplaudió con furor. Mis chicos sobre todo hacían con sus gritos peculiares del país un barullo infernal. Tan es así, que la policía tuvo que tomar cartas en el asunto y, como autor del desorden, se disponían a conducirme a la cárcel.

"Felizmente que en un momento de más calma, oí una voz amiga que me gritaba en vascuence: '¡Sálvate, Pellot, sálvate! ¡Cuidado con los gendarmes!' Esta advertencia me bastó. Brinqué como un tigre sobre la multitud que llenaba el teatro; derribándolo todo, me abrí paso a través de los bastidores, después atravesé, con la cabeza baja, una hilera de puertas y llegué en fin, y no sé cómo, bajo el peristilo, donde encontré a varios de mis corsarios con los oficiales dispuestos a rescatarme en caso de que me hubiesen arrestado, y nos fuimos corriendo a bordo".

El día siguiente de la calaverada de Pellot, todas las notabilidades comerciales de Burdeos, que se interesaban por él, hicieron diligencias activas para ahogar este asunto, que era un pecadito, teniendo en cuenta los servicios reales que hacía al país. Las señoras también se mezclaron en el asunto, y desde entonces el arreglo se hizo doblemente más fácil. Solamente, las autoridades rogaron a los protectores del corsario que apresurase lo más posible la salida del *Général-Augereau* a fin de desembarazar a la ciudad de esta legión de diablos turbulentos.

CAPÍTULO IV

Rasgo de audacia del capitán Jorlis

El corsario el *Invincible Napoléon*, después de haber dejado al *Général-Augereau*, se había dirigido hacia el sur, al encuentro de algún rico galeón de la India, tal como hemos dicho. No fue tan afortunado como su *camarada*.

El mar se le ofreció solitario en su inmensidad, sin el menor vestigio, ni la más pequeña señal de buque mercante, mercancía apetitosa que ilumina el ojo ávido del corsario. El tiempo se escurría; la tripulación, compuesta de hombres jóvenes y vigorosos, consumía los víveres, que se agotaban con una rapidez inquietante. Fue necesario a pesar suyo acercarse a costas hospitalarias para hacer víveres y aguada. El corsario se hallaba atravesado en las costas de España, cuando una mañana al despuntar el día, el grito: *¡Barco a barlovento!*, retumbó en lo alto del palo mayor y llamó a toda la gente sobre cubierta. Los más ágiles se encaramaron a los juanetes y después de un momento de penosa duda no habían aún podido tomar ninguna decisión sobre la vela que estaba a la vista, cuando la neblina de la mañana dejó entrever confusamente y un segundo grito de vela se hizo oír.

—¿En qué dirección? –gritó Jorlis.

—A babor nuestro, capitán.

—¿Es el mismo de antes que lo has anunciado dos veces?

—No, no, capitán, estad tranquilo; hay dos, y me parecen excepcionalmente grandes además. No sé si será carne para nuestro estómago. En todo caso el pedazo será duro de digerir.

—¡Hum! –hizo Jorlis rascándose la oreja–. No podemos tardar en cerciorarnos con esta brisa dura.

En efecto, dichos buques, que al principio no aparecían más que como un punto en el horizonte, o como el ala de una gaviota reflejada al sol, elevándose en el agua, creciendo a ojos vistas, y el astro del día radiante habiendo disipado la capa gris, velo húmedo olvidado por la noche en la superficie del mar, un grito de terror involuntario se oyó, dado por los marinos novatos de la tripulación.

Y había razones ciertamente, pues en lugar de dos honrados navegantes mercantes, con los que el *Invincible* se habría contentado como indemnización del tiempo perdido en un largo e infructuoso crucero, se hallaba a sotavento de dos fuertes fragatas inglesas que, habiéndolo vislumbrado, se pusieron a perseguirlo forzando la vela.

Mas tenía el pie listo nuestro corsario. No había aún hallado su igual en la mar, y Jorlis talmente lo sabía, que las órdenes que dio cubriéndose de lona para escapar a sus formidables adversarios, estaban revestidas de una serenidad, de una sangre fría capaz de hacer nacer la confianza en el corazón más tímido.

—¡*Loff!* –mandó en cuanto se hubo asegurado de que aquellas eran verdaderas fragatas–. ¡Larga los sobres, arma las velas de estay en todas las partes! ¡Todos a cubierta…, y andemos listos, y cuidado con los pontones!

El gracioso buque, dócil al nuevo impulso que recibía de aquellas maniobras cuya ejecución no se hizo esperar, parecía presentir que de su marcha rápida dependía la libertad de los bravos que la tripulaban. Resbalaba sobre la superficie llana de la mar, nadando, dividiendo con su quilla afilada las olas ligeras sobre las cuales se le veía a veces brincar, como un delfín, bajo el soplo de la brisa.

Jorlis, sentado sobre el castillete al lado del timonel, consideraba con un sentimiento de natural satisfacción la marcha de su hermoso corsario. Su ojo experto se dirigía tan pronto hacia las velas y el aparejo, para ver si nada se movía, si cada cosa estaba en su sitio, si todo, en fin, estaba en orden para permitirle avanzar mejor al buque, tan pronto hacia las fragatas inglesas, para calcular la diferencia de la marcha y saber si la distancia disminuía entre ellos, o si el *Invincible* les daba palos.

Después de algunas observaciones repetidas, y cuando estuvo seguro de que el valiente corsario, siempre digno de su reputación, no sería alcanzado por los terribles *cruceros*, su semblante sonrió, su mirada brilló con noble orgullo, y dirigiéndose a su tripulación, que no estaba aún tranquila acerca del desenlace de aquella carrera con las dos fragatas:

—¡Hijos! –exclamó con voz estentórea–, ¡ya les ganamos, estoy seguro! ¡He allí la costa de España! Dentro de algunas horas habremos entrado en un puerto amigo. Es Rivadeo, donde los ingleses no se atreverán a seguirnos. Así, pues, ¡no más temores, y atención a la maniobra…!

Acababa el capitán su alocución tranquilizadora, cuando se hizo oír otra vez un nuevo grito, siniestro esta vez y de mal agüero, que procedía de lo alto y resonó en los oídos como una campanada fúnebre:

—¡Buques a sotavento! –Jorlis se enderezó de un brinco, profiriendo un juramento enérgico.

—¿A sotavento dices? ¡Que el demonio te lleve! ¿Es que hoy llueven barcos?

Y echándose el catalejo al hombro, el intrépido capitán, subiendo con presteza el flechaste, fue a colocarse sobre las crucetas de juanete donde estaba el hombre de vigía. Allí, inclinado el tubo hacia la costa hospitalaria, vio otras dos fragatas inglesas fondeadas a la entrada del puerto de Rivadeo, que bloqueaban, y en medio de las cuales se veía forzosamente obligado a pasar.

Se necesitaban los nervios de acero de los hombres de hierro de aquella época para no perder la cabeza y para conservar toda su sangre fría en posiciones tan críticas. Jorlis bajó sobre cubierta, tranquilo, frio, impasible. Volvió a tomar su puesto a popa, con los brazos cruzados. Una arruga fruncía su frente contraída, único signo visible de una preocupación insólita… y el buque seguía navegando con la misma velocidad, próximo a ser encerrado como en un tubo por las cuatro fragatas, dos de

53

las cuales continuaban su persecución encarnizada mientras que las otras dos le esperaban en el puerto. ¡Terrible situación!

La tripulación pensativa, viéndose ya prisionera, encerrada en un pontón, tenía los ojos fijos en su capitán, única pero débil esperanza en un paso tan crítico. Su fe en él no se había, sin embargo apagado. Su sangre fría, su habilidad, su audacia, habían ya logrado muchos milagros. Pero aquí… Y la tripulación se hallaba en la más viva ansiedad.

¿Su esperanza saldría fallida? ¡No!, porque un relámpago de genialidad ha iluminado súbitamente la ancha frente del intrépido corsario. El peligro es grande, crecerá con el peligro, él lo traspondrá de cien codadas. Cogiendo sus pistolas y llamando cerca de él a algunos hombres de temple probado:

—¡Atención, conejos míos…! –gritó con una voz vibrante; y su ojo negro lanzaba relámpagos–. Voy a ordenar una maniobra decisiva de la cual depende la salvación de todos. El éxito exige una obediencia completa, ciega. Le rompo la cabeza al primero que dude, que se mueva, o que haga una observación. ¡Zafarrancho de combate! ¡Artilleros, a vuestros cañones con mecha encendida! ¡Cada uno a su puesto!

Y esto se ejecutó prontamente, os lo juro, nos decía el bravo marino que asistía a este drama tan conmovedor.

Bajando a su cuarto, Jorlis volvió a subir con una gran bandera que entregó a un gaviero y, al mando de *¡Iza bandera!*, la tripulación sorprendida, confundida, sin comprender nada, vio flotar en el pico del *Invincible* los colores de un corsario de Albion.

Los oficiales recibieron la orden de dirigir la maniobra en inglés, cosa fácil en aquella época, y el corsario continuó su camino, sin que los enemigos de que estaba rodeado, pero a bastante distancia, se hubiesen apercibido de sus preparativos. Las dos fragatas, fondeadas a la entrada de la bahía, viendo un ligero buque de guerra adelantarse hacia ellas a toda vela, sin duda alguna bajo pabellón inglés, no podían sospechar la superchería.

Naturalmente los comandantes creyeron que era un *aviso* despachado de Inglaterra para llevarles nuevas instrucciones. Así es que, oficiales y marineros negligentemente echados sobre los bancos de guardia de los obenques, se disponían a mirar, como aficionados que no tienen que temer, el fondeo del *gracioso enviado*, y el discurrir de las maniobras correspondientes.

Ya el bauprés del corsario, dirigido entre las fragatas, estaba casi a su altura, y ninguna vela se había cargado; y seguía avanzando con una ligereza maravillosa que debía llevarlo bien lejos de allí. Ya el comodoro inglés levantando su bocina, se disponía a hacer una observación amistosa sobre ello al imprudente capitán del supuesto aviso, cuando este, llegando justamente por entre las dos fragatas y al mando de *¡Fuego por todas partes!*, pronunciado con una voz enérgica, vomitó una granizada de balas y de metralla sobre las dos tripulaciones inglesas, consternadas, sorprendidas por este acto que no comprendieron al principio, tan lejos estaban de esperar semejante saludo por parte de un compatriota.

Pero en cuanto el humo del cañón se disipó, la bandera tricolor ondeaba en el tope del *Invincible* que se alejaba, y el grito de *¡Viva Francia!*, lanzado por esta masa de vigorosos pechos, dio la clave de una acción de una osadía inaudita, en la cual no se sabe qué admirar más, si la presencia de ánimo o la audacia del intrépido corsario.

Una confusión espantosa siguió, como bien se supone, a bordo de las dos fragatas. Estando las tripulaciones confiadas, agrupadas como cubierta como estaban, la cantidad de muertos y de heridos fue considerable. Los gritos de sorpresa de los unos, los juramentos enérgicos de los otros, componían con los gemidos de los heridos un concierto de voces tan formidable como poco armonioso.

Pero, ¿qué hacer? ¿Qué medios emplear para obtener una venganza brillante de este audaz y débil enemigo? El corsario no se había detenido para esperar una respuesta a su terrible saludo. Semejante a un caballo de raza, corcel generoso que parece presentir que la jugada depende de la velocidad que despliega, el valiente buque parecía redoblar su ardor, y antes de que sus furiosos enemigos pudieran tomar ninguna disposición contra él, ya se encontraba seguro en el puerto

.

CAPÍTULO V

Evasión de Inglaterra. — Origen del Général-Augereau

Vendido por la fortuna, agobiado por fuerzas superiores en cuya presencia se había hallado inopinadamente colocado, Pellot, en uno de sus cruceros aventurados, había sido hecho prisionero y conducido a Plymouth, donde el rumor de sus hazañas le había precedido.

Cuando el almirante inglés supo que el famoso corsario vasco estaba entre los prisioneros recientemente llegados, deseó ver a aquel hombre extraordinario, y envió a buscarle.

Pellot abandonó su cuarto, acompañado de uno de sus oficiales, bajo la escolta de cuatro hombres y un cabo.

Cuando llegaron a casa del almirante, un criado les rogó que esperasen en una pieza que precedía al cuarto de su amo, que estaba ocupado en su tocado. La escolta se había detenido respetuosamente a la entrada de los aposentos. Pellot quedó solo con su camarada y recorrió rápidamente con la vista la pieza en que se encontraba. Apercibió sobre un amplio sofá la casaca, el sombrero, la espada, las charreteras, el traje completo del almirante, que su ayuda de cámara había allí cuidadosamente colocado. Una idea atrevida atravesó súbitamente su imaginación. La libertad era el premio de una victoria llena de dificultades. Pellot no vaciló un momento. En un abrir y cerrar de ojos se desnudó, con la misma presteza, se puso los vestidos del almirante, diciendo a su amigo, confuso con su temeridad:

—No podemos escaparnos los dos, pero cuento contigo. Imagina, inventa, haz lo que quieras, pero procura que mi evasión sea conocida lo más tarde posible. En un caso así, los minutos son siglos. ¡Abracémonos, adiós y buen ánima!

Aquellos dos hombres se amalgamaron en un fraternal abrazo, y Pellot, para ocultarse mejor a los ojos de la escolta que debía atravesar, envolviéndose la cara con un pañuelo de la India, como si tuviera resfriado o un violento mal de muelas, saltó a las escaleras rumiando algunas palabras de inglés que el supuesto dolor hacía ininteligible. La escolta le hizo los honores militares, y el audaz marino, atravesando la ciudad casi desierta, consiguió salir felizmente al raso.

Mucho quedaba aún por hacer para que la victoria coronase una acción tan atrevida. Era lo primero, desembarazarse del brillante traje, que atrayendo todas las miradas, hubiera puesto pronto a todos los agentes de la autoridad en la pista del fugitivo. La buena estrella de Pellot colocó en su camino a un marinero, más que medianamente borracho, cuyas grandes zancadas denotaban de lejos su situación. El corsario corrió a él y, sin entrar en más explicaciones, puesto que las palabras son inútiles en los peligros extremos, donde lo importante son las obras, acabó de aturdirlo con dos puñetazos soberanos que le hicieron rodar al foso, en donde quedó cuan largo era. Pellot lo cogió en sus hombros, y llevándolo al otro lado de la alameda que orillaba el camino, para evitar las miradas de los paseantes, llevó a cabo un segundo cambio de traje, encapillándose los vestidos del marino, y dejándole, en cambio, los tan ricos del almirante, los cuales debieron producir ideas bien raras en la cabeza del beodo, al despertar.

Más tranquilo ya, con la imaginación más descansada, gracias a su traje tan adecuado para no llamar la atención, Pellot llegó a Hastings, en donde merced a su genio creador, esperaba hallar modo de franquear la pequeña distancia que le separaba de las costas de Francia. A fin de no despertar sospechas con una vida holgazana, habíase provisto de una caja de compartimentos que encerraba té de calidades varias, pequeño comercio a que fingía dedicarse para hacer frente a sus necesidades.

La primera cosa que llamó la atención del aventurero corsario, al recorrer el puerto de Hasting, fue un hermoso bergantín de a doce, construido para una marcha superior, cuyos preparativos se apresuraban para emprender el crucero.

Tomó informes, díjosele que el capitán, que era un valiente marino de Jersey, debía casarse antes de su salida, y que se proponía, al pasar, dejar a su esposa en la pequeña isla en que residía su familia.

Sobre esto, Pellot hizo el razonamiento siguiente: un marino que se casa, debe tener el corazón confiado, abierto; es, o se prepara a ser, feliz, por lo cual la presencia de la desgracia debe enternecer su corazón. Dirijámonos a él, y si pongo los pies en aquel barco... ¿quién diablos puede decir lo que de ello resultará?

Rápido en sus decisiones, Pellot, el mismo día, presentábase, humilde y con doliente voz, con su caja de té debajo del brazo, ante el capitán del corsario que se disponía a zarpar. Refiriole una historia triste capaz de enternecer a un chacal. Servía al más endurecido de los amos, quien le pagaba sus sueldos a trancazos, y en cuyo servicio hubiera cien veces muerto de hambre, a no ser por el pequeño comercio del té al cual clandestinamente se dedicaba. Concluyó suplicándole, con ojos lacrimosos, de rodillas y cruzadas las manos, que lo dejase al paso en Jersey, jurando que, hasta allí, le serviría en cualquier cosa, como jamás amo alguno lo hubiese sido por su más fiel servidor.

No hacía falta tanto para ganar a un joven capitán, novio feliz de una bella y rica heredera. Aquella misma noche, Pellot quedó instalado a bordo del corsario.

Ocho días después, jovial, se había ganado todos los corazones; él era el alma de a bordo, el factotum del capitán. Haciendo su papel con una destreza admirable, secundado por una facilidad maravillosa, era el todo para todos. Ágil como un gato, diestro como un mono, marino consumado, cocinero, maestro bastonista, profesor de baile, se le veía tan pronto despasar un cabo, colgado en los periquitos, como ayudar al maestro cocinero en su fogón ahumado, o dar lecciones de gracia o de destreza, con gran sorpresa de los buenos marineros ingleses, llenos de admiración hacia aquella naturaleza múltiple del marino vascongado, completamente desconocida para ellos.

Entretanto, acercábase el día de la salida. El hermoso corsario estaba en la bahía con un ancla, listo para zarpar.

El capitán llamó una noche a Pellot a su camarote y le dijo:

—Yo me caso mañana. Me llevaré a la tripulación para que asista a la boda. Dejaré a bordo solo seis hombres y, como el cocinero estará en tierra, te encargo que obsequies a los que queden aquí. Quiero que participen de mi felicidad. En ti descanso sobre este particular.

—Estad tranquilo, capitán –contestó Pellot–; a vuestro regreso, sabréis que se han cumplido bien vuestras intenciones. Quiero tratarlos como a príncipes. Ellos os dirán cómo me porto.

Aquella disposición, tan súbita como inesperada, encendió inflamable el cerebro de nuestro corsario.

Un bergantín de doce cañones, guardado solamente por seis hombres… ¡qué hermoso golpe de mano si lo pudiera robar! Podía contar con el apoyo, forzado o voluntario, de un criado austríaco, verdaderamente desgraciado, que el excelente capitán había consentido en llevar igualmente por caridad a Jersey. Pero, ¿qué medios emplear para ello?

Pellot pasó toda la noche reflexionando sobre ello. No cerró los ojos. Al clarear el día se había propuesto robar el buque o perecer en el intento de recuperar su libertad.

Con arreglo a la orden que había recibido, empezó muy de mañana los preparativos de una comida escogida para los hombres que se habían quedado a bordo;

bajó un instante a tierra para procurarse provisiones de una delicadeza inusitada, y compró al mismo tiempo opio que debía servir para sus proyectos.

La comida fue ruidosa y animada, como bien puede pensarse. Fue coronada con un enorme ponche que Pellot sirvió a los convidados. Después vino el té, complemento indispensable de toda buena comida británica, y Pellot, colocando sobre la mesa que le separaba de los marineros una cajita larga de dos compartimentos llena de azúcar, dijo al oído del austríaco sentado a su lado:

—Voy a hacer una jugarreta muy divertida a los marineros: ya están medio borrachos, los vas a ver caer bajo la mesa; pero para que no te suceda lo que a ellos, toma el azúcar del primer compartimento más cercano.

Los ingleses, sin desconfianza, endulzaban su bebida con triple dosis, tomándola del compartimento más próximo a ellos, en el cual Pellot había mezclado opio, cuyo efecto no tardó en hacerse sentir. Cayó uno, después otro, y acabaron por rodar hasta el último bajo la mesa, sumidos en un profundo sueño.

Cuando Pellot los hubo puesto en aquel estado de aletargamiento que le hacía dueño del buque, se dirigió al austríaco, que estaba a mil leguas de sospechar el atrevido proyecto de su camarada. Pellot se lo explicó brevemente en dos palabras, pidiéndole su colaboración para que le ayudase en la maniobra del buque. Pero el pobre hombre se encontraba de tal manera aturdido con la audacia de aquel plan de evasión, que rehusó tomar parte en manera alguna.

—¡Ah! ¿Así lo tomas tú? –díjole Pellot, viendo que había que recurrir a los grandes medios y que no había tiempo que perder–, ¿Crees que voy a distraerme convenciéndote o detenerme porque encuentro un cobarde holgazán delante de mí? Vamos, ¡ponte en pie!, ¡listo! ¡Haz lo que yo te diga, o te levanto la tapa de los sesos!

Obligado por el decisivo argumento de un cañón de pistola dirigido a su cabeza, el austríaco se levantó y asumió la tarea de secundar contra su voluntad el acto atrevido del terrible corsario.

Un hachazo cortó el cable que retenía el buque.

La brisa era favorable, soplaba de tierra. Largaron como pudieron las gabias, cazaron la cangreja, izaron un foque, y Pellot hizo resueltamente proa al largo, decidido a todo antes que a volver a sus cadenas.

Llegados a la salida, llamaron al bergantín para pedirle su pase.

—¡Ya veis que no salimos! –respondió audazmente Pellot–. El capitán está en tierra con todos los botes; nos ha dado orden solamente de poner el buque un poco más al largo. Ya os traeré vuestro pase, ¡estad tranquilos!

Y el bergantín seguía avanzando, y las velas se desplegaban una tras otra, lentamente, es verdad, pero era un signo evidente de que no pensaba detenerse. De modo que el estacionario, hallando algo más que turbio lo que resultaba entre lo que él veía y las palabras de Pellot, disparó un cañonazo de alarma. Fue repetido por las baterías y las fortalezas de la costa. Se echaron al vuelo las campanas, y se vieron salir de diferentes puntos los *cutters* de la aduana y de la marina, lanzándose en persecución del bergantín robado con tan increíble audacia.

Pellot hubiera sido alcanzado sin duda alguna por alguno de sus perseguidores, si, confiando en su estrella y resuelto a jugar el todo por el todo, no hubiese llevado la temeridad hasta hacer rumbo derecho al veril de un banco situado en la entrada del puerto, maniobra que le salió bien, y le hizo ganar tres buenas leguas sobre los buques ingleses destacados en su persecución, obligados a hacer un gran rodeo, los cuales renunciaron a seguirlo después de un resultado tan imprevisto, y ante la maravillosa andadura que desplegaba el corsario dirigiéndose hacia las costas de Francia.

Pocas horas después, Pellot y su presa entraban en el puerto de Boulogne. La aduana tuvo que prestar su ayuda para fondear el buque y cargar sus numerosas velas.

Los seis marineros ingleses dormían aún. Al despertarse se encontraron en Francia y prisioneros de guerra. Dejamos que cada cual se haga una idea de su admiración.

La llegada de Pellot con el bergantín tan audazmente robado en Inglaterra, causó sensación en Boulogne. El intrépido vascongado era el tema de todas las conversaciones. La multitud acudía a las orillas del muelle, ávida por contemplar las facciones de nuestro compatriota.

El general Augereau se hallaba investido del mando de las tropas reunidas en aquel punto. Habiendo leído en el parte diario de la plaza, que se le entregaba, la relación del gran rasgo de Pellot, envióle a buscar con uno de sus ayudantes de campo. Pellot se presentó en casa del general, a quien halló rodeado de su estado mayor. A petición suya, refirióle su evasión con los mayores detalles. Concluida la narración, Augereau, adelantándose hacia el corsario, le palmeó familiarmente la espalda, diciendo:

—Veo que los valientes de tierra tienen dignos hermanos en la mar. No te olvidaré ante el gobierno y estoy seguro de que la recompensa que mereces no se hará esperar.

—¡Gracias, general! –respondió atrevidamente Pellot–; pero si me la dierais inmediatamente, esa recompensa, sería tanto mejor.

Augereau frunció las cejas ante esta petición insólita hecha a quemarropa y, sospechando el pensamiento del corsario, añadió mirándole de soslayo:

—Temo haberme equivocado con respecto a ti. ¿Es oro lo que quieres en lugar de honores cuya perspectiva te ofrezco?

—Ni oro ni plata –contestó Pellot sin titubear. Y, como una admiración marcadísima se reflejaba en la cara marcial del general–: Mirad –añadió sin desconcertarse–, voy a explicarme con franqueza. Halláis, general, que mi conducta merece una recompensa. Soy completamente de vuestro parecer. Pero en lo que discrepamos es en los medios que hay que emplear. Podéis hacerme feliz inmediatamente, general, muy feliz. Y yo os ofrezco que a Francia le resultará de ello tanto bien, como mal a Inglaterra. Para eso, hay que concederme tan solo dos cosas.

—¿Cuáles son? –dijo Augereau–. Si están en mi mano, las dificultades quedarán pronto allanadas.

—Pues bien, general, ese bergantín que he robado a los ingleses, regaládmelo, y yo os respondo, a fe de Pellot, que oiréis hablar de mí poco después de mi salida de Boulogne.

—Y tu segunda petición, ¿cuál es?

—General –continuó Pellot con el semblante gravemente respetuoso–, si debo mandar ese buque, quisiera que cambiase su nombre inglés, que suena mal en oídos franceses. Me tendría por dichoso y contento con ser el comandante del corsario el *Général-Augereau* y os prometo, os juro que mi conducta frente al enemigo, estará a la altura de ese nombre ilustre.

—Estoy convencido de ello –replicó el general con emoción. Y sacudiendo la mano del corsario con una franqueza enteramente militar–: Estate satisfecho –le dijo–, tus deseos quedarán cumplidos: el buque es tuyo, pues lo has ganado bien: le doy mi nombre y, como padrino, yo me encargo de los gastos del bautizo.

Pellot dio las gracias al capitán con efusión y se retiró sintiéndose el más feliz de los hombres.

Pronto se supo en el puerto de Boulogne que Pellot tomaba el mando del buque inglés, al cual el general Augereau había dado su nombre.

Fácil le fue, a partir de aquello, formar una tripulación compuesta de hombres jóvenes, vigorosos, enérgicos. Los marinos se presentaban en tropel para servir a las órdenes de un jefe con bien adquirida reputación de hombre desinteresado. No tuvo ya más dificultad que la elección.

Ya se ha visto que el bergantín, al ser robado, se encontraba listo a para salir hacia Inglaterra. ¿No es, pues, de admirar que nuestro héroe, pocos días después de su memorable entrevista, se hallase pronto a zarpar para ir de nuevo a correr los azares múltiples de las tempestades y de la guerra?

Pellot se dio a la vela en Boulogne, en presencia de una inmensa muchedumbre que había acudido para asistir a su salida. Dirigiose al sur esperando hacer un crucero provechoso antes de llegar a las aguas del golfo de Vizcaya, a donde anhelaba llegar, a fin de ostentar a los ojos de sus compatriotas su glorioso mando.

Surcando la Mancha en todo su largo, estudiaba la marcha y las diversas cualidades náuticas de su hermoso corsario, que con viva satisfacción veía corresponder a las esperanzas que hacían concebir sus formas y su hechura fina y elegante en sumo grado.

El *Général-Augereau*, como si tuviese conciencia del examen de que era objeto, ponía en sus movimientos una coquetería que encantaba el ojo del marino. Corría con una rapidez maravillosa, resbalaba sobre las olas cuyas leves ondulaciones dividía sin esfuerzo, produciendo borbotones de espuma que en su ardor impaciente volvía a lanzar al aire con su tajamar.

El corsario se hallaba a la entrada de la Mancha, pérfido embudo formado por la aproximación de las costas de las dos grandes naciones rivales. Un horizonte sin límites ofrecíase a su vista, presentando el vasto camino de ambas Indias, que ciertamente no tenía intención de seguir, cuando un punto confuso, indeciso en un principio, pero que crecía conocidamente, se señaló hacia alta mar.

Al verlo, Pellot saltó sobre su banco de guardia. Hizo largar las velas volantes altas y bajas para aumentar aún más la velocidad del corsario, que brincó sobre las olas a favor de este nuevo impulso. La distancia entre los dos buques disminuía sensiblemente; el *Général-Augereu* ganaba a ojos vista. Luego, no quedó duda a la tripulación: se hallaban próximo a alcanzar en corso, a un buque grande y fuerte de al menos seiscientas toneladas, sobre cuyos flancos se dibujaba un formidable cinturón de veinte piezas de artillería. Y, cosa admirable, aquel buque, evidentemente inglés, no llevaba ninguna bandera, no hacía ninguna demostración hostil: continuaba pacíficamente su derrota, sin inquietarse ante el encarnizamiento que en persecución suya desplegaba el corsario francés.

¿Era la calma desdeñosa de la fuerza? ¿Esta tranquilidad afectada ocultaba algún lazo? Esto es lo que se preguntaban los marinos preocupados del *Général-Augereau*, indecisos como hombres que no habían visto nunca en acción a su bizarro comandante. Mas este no les dejó mucho tiempo en tan penosa incertidumbre.

Con su habitual vigor, mandó el zafarrancho de combate, hizo poner la proa hacia aquel adversario tan desdeñoso, si bien era de una fuerza superior, y después de haber vigilado los últimos preparativos del ataque:

—¡Chicos! —exclamó con voz fuerte—, he aquí un buque que apenas conoce las leyes de la política. Se trata de enseñárselas y de darle una lección de la cual se acuerde por mucho tiempo. En cuanto a mí, voy a explicaros mi manera de obrar. En ocasiones como esta, no conozco más que una cosa: ¡el abordaje! Me veréis saltar el primero sobre la cubierta enemiga, con el sable en una mano y la pistola en la otra. Sois valientes y me seguiréis. Si, no obstante, hay cobardes a bordo, que bajen a la bodega; después del combate tendrán derecho a una patente de larga vida. Hay mucha gente a bordo de ese buque: hay que disfrazarse de diablos para producirles miedo.

—¡Mozo!, trae pintura negra, y que cada cual se embadurne con ella el hocico.

Pellot, dando ejemplo, metió los dedos en el pote de pintura negra, se hizo un par de enormes bigotes y rodeó sus ojos con un círculo de ébano que le hacía parecerse a un escapado del infierno. Los marineros, naturalezas indiferentes y alegres a quienes cualquier nimiedad distrae y divierte en presencia del más terrible peligro, imitáronle riéndose a carcajadas.

—¡Y ahora, cuidado, muchachos, porque vamos a arribar! ¡Cada cual a su puesto! ¡Andar, timonel! ¡Al abordaje!

Dócil al timón, el corsario inclinó su proa hacia el enemigo, y púsose a devorar la pequeña distancia que aún les separaba. Pellot, armado hasta los dientes, en pie sobre el bauprés, pronto a saltar al abordaje, estaba confuso de admiración al ver aquella pesada y formidable mole correr silenciosa, continuando su derrota, sin hacer el menor simulacro de defensa, cuando una tropa numerosa llenaba su cubierta y sus costados parecían guarnecidos de pesados mensajeros de muerte. Si es un lazo que me tienden, decíase para sí mismo, ¡guay de ellos!, los acabo hasta el último.

De repente, en el momento en que la proximidad y la dirección que llevaba el *Général-Augereau* hacían inevitable el abordaje, se dejó oír una bocina que hablaba al corsario:

—¡Oh del bergantín!, ¡oh, arriba! Vamos a hacer averías. ¿A dónde vais?

—¡A cogerte! –respondió Pellot.

En el mismo instante, el bergantín francés llegaba al costado del gran buque. La consecuencia fue un choque, se echaron los garfios de abordaje, y Pellot, con sable y pistola en mano, saltó el primero en las varengas, seguido de sus marinos admirados, a los cuales no tuvo tiempo más que de dirigir estas palabras:

—¡Si hay traición, nada de cuartel! Muerte a todos, desde el capitán hasta el último paje.

Pero, ¡oh sorpresa!, nadie se presenta para oponerse a la furia de los terribles agresores. La cubierta está, sin embargo, atestada de gente. Allí están trescientos hombres, de rodillas, con las manos levantadas al cielo, aterrorizados, gritando desaforadamente:

—¡Perdón!, ¡valiente pirata! No nos hagáis daño. Somos unos pobres diablos completamente inofensivos, incapaces de haceros mal y que no hemos hecho ninguna resistencia. ¡No nos matéis, por el amor de Dios!

—¿Qué significa esta broma? –exclamó Pellot en el colmo de su admiración–. ¿Quién sois? ¿A dónde vais? Aquí debe haber un capitán. ¡Que avance y que se explique francamente; si no, cuidado con él!

El capitán se presentó al llamamiento del terrible corsario y le dijo, en pocas palabras, que se hallaba encargado por el gobierno inglés de conducir trescientos condenados a Botany-Bay; que no tenía más que falsas troneras sin cañones ni armas, y que le suplicaba le dejase continuar su derrota.

Los condenados a su vez se echaron a los pies de Pellot, rogándole con lágrimas rompiese sus grilletes, presentando su conducta bajo un prisma tan favorable, que, a creérseles, eran todos cándidos corderos, víctimas inocentes de la más odiosa tiranía.

Pellot, subido sobre la toldilla, dominaba aquella multitud que esperaba la decisión que él tomaría.

—Escucha –dijo, dirigiéndose al capitán inglés–; nuestras naciones están en guerra, eres buena presa, y te embargo tu buque para provecho de mis velas, que me has hecho tender a reventar en una tonta e inútil persecución que hubieras podido evitarme con un poco más de cortesía.

—Respecto a vosotros, buena gente –continuó hablando a los condenados–, ya veo que de haceros caso, sois una tropa de santitos. Sin embargo, a fe de corsario, yo no sé qué hacer de vosotros. Me estorbáis tremendamente: conduciros a San Juan de Luz, a Bayonne, a mi país, donde quiero hacer una entrada gloriosa con mi *Général-Augereau*, no hay que pensar en ello. Merecería ser apedreado o colgado con un gancho de la punta de un espeque si me presentase con un cargamento de vuestra especie a guisa de azúcar, de café, de té o de algodón. Además, quiero hacer en vuestro favor lo que esté en el dominio de lo posible. ¿Tenéis alguna idea realizable? Decidla. ¿Donde queréis que os desembarque?

—¡En Portugal, valiente corsario! –contestaron a coro los condenados–; dejadnos al pasar en Lisboa, y consagraremos a bendeciros el resto de nuestros días.

—No pido tanto –dijo riendo Pellot–. ¡Vamos, pues, a Portugal! Es casi la línea que quiero seguir. Respecto a vuestras bendiciones, guardemos eso para más tarde, si las necesito, aunque dudo de su eficacia. Hay algo más urgente, es que nos den agua caliente y jabón, a mí y a mi gente, para hacer desaparecer las señales de esta sucia e inútil carnavalada.

Pocos momentos después, veíase a los dos buques navegar en conserva, haciendo rumbo hacia las floridas márgenes del Tajo. Fiel a su palabra, Pellot entregó complacido el regalo, y que de buena gana le habría de él dispensado, de los trescientos condenados de la Gran Bretaña. Después, vendido que hubo ventajosamente la presa que había hecho, hizo rumbo al golfo de Gascuña a donde llegó felizmente, y donde le hemos visto ya figurar glorioso y satisfecho con su *Général-Augereau*, digno émulo del *Invincible-Napoléon* mandado por el valiente Jorlis

.

CAPÍTULO VI

Il ero garaitu.

GRITO DE GUERRA VASCONGADO

Combate del corsario la *Citoyenne francaise*, mandado por el capitán Dubedat, contra una fragata inglesa de 60 cañones

¡Qué hermoso buque era el *Citoyenne Francaise!*, uno de aquellos buques cuya vista encanta y fascina a los más viejos marinos, que se sienten robustecidos, se enderezan y sueñan ideas de veinte años, ante sus formas elegantes, ante su guinda esbelta. Su severa instalación hubiese hecho honor a un corso del Estado, y más de un oficial de la armada se hubiese sentido dichoso y orgulloso de mandar el fuego de sus 26 cañones de a 8 y 12 que formaban una batería completa.

Respecto a sus cualidades náuticas, incluso superaban su extraordinaria belleza exterior. Su tajamar atrevido, su manga, lo ancho de sus baos, su hechura cumplida, daban de la marcha del corsario una idea sumamente favorable; y no obstante, el valiente buque, desplegando un andar maravilloso, superaba en la mar la buena opinión que de él se había concebido.

Estaban a mediados de primavera: el capitán Dubedat cruzaba con su brillante corsario por los 24° 22' de latitud norte y 15° de longitud del meridiano de París.

La mañana del 13 de mayo había sido buena para los corsarios.

Un bergantín y una galeota habían sido apresados y dirigidos hacia las costas de Francia con sus ricos cargamentos. La maciza holandesa no había podido concebir ni sombra de duda acerca de su captura. Respecto al bergantín, como más listo, había intentado huir; pero, después de haber fatigado inútilmente su velamen, conoció la inutilidad de competir en velocidad con el corsario, que le venía encima al impulso de una brisa hecha, y lo ganaba visiblemente. Así es que se puso en facha y se rindió a la primera llamada del cañón de caza de la *Citoyenne-Francaise* cuya bala fue a rebotar a lo largo de sus precintas. La pesada súbdita del país de los canales, ante la acción que se desarrollaba a su vista, ni siquiera se planteó una huída imposible. Aceptando su suerte con una mansedumbre un tanto forzada, sus cuadradas y pesadas formas ofrecían un contraste perfecto con el aspecto esbelto y desembarazado del corsario.

Al mediar la tarde, el vigía colocado en el palo mayor señaló una nueva vela y diose inmediatamente orden de gobernar hacia ella, forzando de lona, para alcanzarla antes de la noche, caso que quisiese buscar su salvación en la huida.

Los dos buques iban a contrabordo y no podían tardar en reunirse. El extranjero creció visiblemente sobre el agua, y tomaba proporciones formidables.

No obstante, eran tales la seguridad y confianza del capitán Dubedat y de su tripulación, que continuaron su rumbo, convencidos que debía ser aquel un gran navío de la compañía de Indias, cuyos anchos costados encerraban incalculables riquezas que les harían dichosos y afortunados.

Pero, ¡ay!, ¡qué fatal cambio! Ya no estaban más que a un escaso tiro de cañón de distancia, cuando el *mercantón* de la India, haciendo arribar, cambió súbitamente de dirección, y al presentar una larga batería amenazadora, la reconocieron como una fragata inglesa de 60 cañones.

El capitán Dubedat, conociendo la marcha superior de su buque, hubiese podido todavía escapar a aquel terrible enemigo, si hubiese querido correr una empopada ante él por medio de una maniobra pronta y decisiva. Pero el orgullo nacional habló más alto que el peligro. Habríase creído deshonrado para siempre, indigno de mandar a valientes, si hubiese optado por esta medida de prudencia ante un enemigo casi al alcance de la voz. Así que no pensó más que en batirse, resuelto a vencer o a perecer, y para emparejar las suertes intentó apresar la fragata al abordaje. Dio las órdenes consiguientes; pero al acercarse el corsario, cuya intención se veía, salió de los castillos y cofas de la fragata un fuego de fusilería terrible y tan nutrido, que denotaba bien a las claras la presencia a bordo de un cuerpo numeroso de tropa, con cuya presencia el abordaje era una locura.

En este trance crítico, no le quedaba más que una opción: sucumbir con gloria, haciendo pagar caro el triunfo a un enemigo tan superior. El intrépido Dubedat no vaciló un momento. Haciendo desviar la delantera de su buque, fue a colocarse a toca-penoles con la fragata y entonces empezó una horrible escena de carnicería.

Un fuego mortífero, a corta distancia, se entabló entre ambos atletas. Todas las balas daban en el blanco. Aquello era un granizo, un huracán de hierro y de plomo que envolvía a los combatientes, y en medio del ruido horrible que dominaba esta escena, capaz de conmover los nervios de mejor temple, veíase al valiente capitán, que conservaba toda su entereza, multiplicarse con una energía calmosa, dar órdenes a todas partes, y sostener el valor de los corsarios que estaban a sus órdenes, los cuales correspondían a su intención y se portaban como héroes.

De repente, déjanse oír grandes gritos de júbilo dominando el ruido del bronce. Salen de la fragata inglesa, que entona el himno de la victoria al ver que la bandera del corsario está arriada. Creen que los franceses piden misericordia, cuando la verdad es que una bala ha cortado la brisa y llevádose el emblema nacional. Pero Dubedat manda que le traigan otra bandera, y la clava con sus propias manos en el palo, en medio de una granizada de balas disparadas por los enemigos.

Después de aquel rasgo de audacia felizmente llevado a cabo, digno de mejor suerte, acababa de volver a sentarse en la toldilla de popa, desde donde vigilaba el combate, que había vuelto a empezar con nuevo ardor, cuando, herido por una bala en medio del pecho, fue lanzado al mar, que le cubrió con sus olas… ¡Muerte gloriosa! Sepulcro de los valientes que confían en el océano.

La tripulación del corsario, encarnizada en el combate, no notó la desaparición de su jefe. Otro valiente, el teniente Regal, se hizo cargo del mando, mostrándose digno de la misión que los azares de la guerra le confiaban. Bajo sus órdenes, la acción, lejos de amortiguarse, pareció redoblar su crudeza.

Cerca de dos horas hacía que los mensajeros de la muerte llovían sobre los dos buques, y habían llevado a cabo una horrible carnicería: las cubiertas estaban sembradas de cadáveres; los imbornales escupían ríos de sangre que enrojecían la mar; las arboladuras estaban en pedazos, los costados acribillados a balazos; la jarcia, picada, el velamen en harapos; y la lucha prolongábase encarnizada, y se hallaba indecisa la victoria, cuando la fragata vio caer sucesivamente, sobre su cubierta o a la mar, su bauprés y su palo de mesana.

Embarazada, molestada en sus maniobras, decidiose entonces a abandonar un campo de batalla en el cual, a juzgar por la invencible energía de sus adversarios, corrían el riesgo de un apresamiento doblemente vergonzoso; lo cierto es que se apresuró a largar las velas despedazadas en andrajos que se balanceaban en la arboladura, y le vieron alejarse con la pausa de un ciervo herido de muerte.

El primer movimiento del corsario francés fue lanzarse en su persecución. Empezaba ya a seguir su estela, cuando cayeron en la cuenta los oficiales de que ni el aparejo ni el casco eran capaces de funcionar sin urgentes reparaciones. Las jarcias cortadas flotaban sin orden al capricho del viento, las velas estaban acribilladas por las balas; la arboladura dañada por los balazos amenazaba venirse abajo al menor esfuerzo, si la machiembraban; enseguida, el casco atravesado de parte a parte, presentaba agujeros sin fin, que hubiesen echado a pique al corsario al inclinarse a la primera andanada. Fue, pues, preciso renunciar a completar la victoria y ocuparse de poner el buque en estado de llegar cuanto antes a un puerto francés, donde pudiese reponerse de las gloriosas heridas que había recibido en este honroso combate contra una fragata inglesa de 60 cañones.

CAPÍTULO VII

Si será, si no será
Voto a Cribas.

V. DE LA VEGA

Bella misión confiada por el Emperador Napoleón al capitán Darribeau, comandante del corsario *Amiral-Martin*

Era en el año 1808. El emperador Napoleón, el rey, la reina de España, el príncipe de Asturias, su hijo, se encontraban en Bayonne. La ciudad, por consiguiente, ofrecía con la presencia de estos personajes una animación extraordinaria.

Napoleón, cuya actividad nunca se moderaba, daba tregua a las altas cuestiones de la política, recorriendo nuestros pintorescos alrededores, las más de las veces montado en un rápido caballo, cuyo vivo aspecto cuadraba mejor a su fogosa impaciencia.

El jefe de la administración marítima había hecho construir para las visitas que el emperador hacía al arsenal o a los buques en la bahía, una magnífica embarcación, pintada de blanco, el interior de un rojo vivo, a cuyo frente estaba colocada un águila dorada, verdadera joya de escultura que, con las alas resplandecientes parecía decir a los navegantes: ¡Atrás!, ¡plaza!, ¡dejad paso al rey de los aires!

Doce capitanes de altura habíanse ofrecido espontáneamente para manejar el bote del emperador, cuyos patrones eran MM. Burgudiu y Boulanger, distinguidos capitanes de Bayonne.

Una hermosa noche del mes de mayo, la población bayonesa había acudido al teatro en masa. El emperador y la familia real española asistían a la representación.

Hacia la mitad de la función, Napoleón, asaltado por una idea súbita, hizo señal para que se acercase a uno de sus ayudantes, e inclinándose hacia él:

—Rogad al jefe marítimo –dijo–, que disponga mi bote en la cala más próxima.

El ayudante de campo inclinose respetuosamente y fue a cumplir la misión que se le había confiado.

Pocos instantes después, tripulada por doce jóvenes y vigorosos marinos que el arsenal había proporcionado debido a la hora insólita, atracaba en el muelle de la plaza. El patrón era el contramaestre André Jauregui.

A media noche, cuatro hombres envueltos en su capa salían del teatro y se dirigían hacia el embarcadero. Eran el emperador, un oficial de marina y dos ayudantes de campo. En cuanto se acercaron, los del bote armaron los remos, y cuando los personajes se colocaron en la parte de atrás, una voz fuerte se hizo oír:

—¡Larga! –y la elegante embarcación, arrastrada por una fuerte corriente, manejada por aquellos brazos nervudos, se lanzó como una flecha en dirección a la mar.

La noche estaba hermosa, estrellada. Millares de mundos luminosos refulgían en el fondo azul de un cielo meridional. Una brisa ligera y perfumada soplaba de tierra, impregnada de fluidos balsámicos que se respiran con agrado. Los cuatro personajes, ante aquel cuadro sublime de belleza natural, observaron un recogimiento silencioso. Sin embargo, uno de ellos, el único que ocupaba el sitio de honor, no tardó en sentir la necesidad de comunicar sus impresiones de placer:

—¡Qué delicioso tiempo! –dijo, dirigiéndose al oficial de marina–. ¡Qué dicha bogar así, arrastrados por la ola, bajo un cielo de Italia! Pero me parece que marchamos con extraordinaria rapidez. ¿Quién es el hombre que está al timón…? No reconozco al valiente capitán de altura que nos hace ordinariamente de práctico. ¿Ese patrón se hace cargo de la responsabilidad que pesa sobre él, arrastrados como vamos ahora por una furiosa corriente?

—Estad tranquilo, señor –respondió el oficial de marina–: el hombre que está al timón se llama André Jaurégui; es un contramaestre escogido para los casos imprevistos en que vuestra Majestad pide su bote. Además, el jefe marítimo responde de su aptitud.

Y el esquife, durante este coloquio, seguía corriendo, con maravillosa rapidez; costeaba la extremidad de las Allées-Marines, ese paseo pintoresco que tantas grandes ciudades nos envidian; y más lejos, a algunas larguras de cable, se podía distinguir fondeado al abrigo de la duna de Blanc-Pignon el esbelto casco de un corsario cuyo aparejo se dibujaba en la parte más clara del firmamento. Aquel corsario era el *Almiral-Martin*, mandado por el intrépido Darribeau, a quien el emperador, por reconocimiento de M. Burgois, práctico mayor de la barra, que poseía toda su confianza, acababa de dar una misión importante para las Antillas.

El esquife que llevaba al emperador iba a gobernar para atracar a la escala del corsario, cuando se dejó oír un murmullo en la superficie de la ría. Le siguieron repetidos que el oído vigilante y ejercitado del práctico reconoció como procedentes de una amarra que el corsario había dado a tierra.

El riesgo era inminente; unas brazadas más, y el esquife lanzado a toda marcha hacia el obstáculo, se atravesaría y zozobraría con todos los que lo montaban…

El experimentado André, calculando con una ojeada el peligro, conservando toda su sangre fría y seguro de su gente, mandó al diablo la etiqueta en un tal momento crítico. Metiendo toda la caña a babor e inclinándose hacia adelante:

—¡Espía a tierra! –gritó con voz de trueno–. ¡Cía a estribor! ¡Boga sin parar a babor! ¡Vamos, firme, muchachos o estamos j…!

La maniobra fue tan instantáneamente ejecutada como era necesario. Virando bajo el impulso contrario que le comunicaban aquellos brazos de hierro, el ligero esquife, desviándose de su rumbo, salvó el escollo, pero tan justo, que atracó al corsario bajando bajo el bauprés, cuyo moco tocó… Justo a tiempo.

Aquel acto tan dramático, consideradas las consecuencias que hubiera podido acarrear, cumpliose en menos tiempo que el necesario para escribirlo: fue un minuto, un relámpago. Los que lo comprendían, callaban, profundamente conmovidos.

El emperador no caía en la cuenta del peligro que acababa de correr; notó tan solo que había algo raro, desusado en la maniobra. No pudo menos de darlo a entender, mientras el bote daba la vuelta al corsario:

—¿Qué es lo que sucede? –dijo–. Advierto que atracamos de improviso a este buque. Acaso el contramaestre…

—¡Oh!, no, señor, yo respondo de ello –contestó el oficial de marina–. Al contrario, todos le debemos agradecimiento. A no ser por él, por su serenidad, habríamos zozobrado y nos debatiríamos arrastrados hacia el mar.

—Explicadme, pues –replicó vivamente el emperador, cuyos nervios se excitaban en extremo–, que con semejante tiempo, con un agua tan mansa, con un cielo de Venecia, pueda correrse el riesgo de naufragar. No entiendo ni pizca.

—Señor, había espía a tierra que no se ha observado y de la cual no se ha tenido conocimiento hasta el instante de pasarle por encima.

—¡Espía a tierra! –el esquife atracaba–. Me explicaréis eso más tarde –dijo el emperador, y ascendiendo ligero por la escala, subió a la cubierta del corsario, donde, a pesar de lo avanzado de la hora, halló a la tripulación formada en orden y a Darribeau preparado para recibirlo a la cabeza de sus oficiales.

—Veo que me esperaban, capitán –díjole Napoleón con su gesto más cortés.

—Sí, señor, estaba prevenido de que en esta noche mi corsario sería honrado con vuestra visita.

—¿Qué noticias de la mar?

—Señor, siempre las mismas; por la mañana el crucero inglés se arrima a la costa y nos bloquea estrechamente; por la noche toma la vuelta de afuera como medida de prudencia.

—¿Y estáis seguro de escapar de él?

—Señor, así lo espero. Dadme un buen viento bien entablado, una mar ligeramente ondulada, y mi corsario, que tiene el pie ligero, desafiará a correr a la más altiva fragata que haya jamás llevado en su perilla el estandarte de Albion.

—¿Ya sabéis la importancia que doy a los despachos que os he encargado para el gobernador de las Antillas? La recompensa que os espera será digna del servicio que vais a hacer a vuestro país y de los peligros a que vais a exponeros.

—Con vuestro permiso, señor, hablaremos de eso cuando me halle de vuelta –contestó respetuosamente el corsario.

—Una palabra más: si sois capturados por los ingleses, echaréis vuestros pliegos a la mar, o mejor, los reduciréis a cenizas.

—Prisionero –y aquí la mirada del intrépido corsario iluminose de repente y repuso con un gesto de noble orgullo–: ¡No, señor! Podré ir a pique bajo la andanada de una fragata, eso ya se ha visto; pero dejarme apresar, cuando voy encargado con una misión de confianza del Emperador, eso, ¡jamás, señor! Antes, cien veces, me haré volar con mi barco.

—Bien está –dijo Napoleón conmovido–. Vos sois el hombre que Bourgeois me ha descrito; saldréis con bien, ¿cuándo la salida?

—Mañana, señor, si la brisa refresca un poco.

—Hasta mañana, pues, porque quiero asistir a vuestra partida.

Y después de haber saludado con gesto cortés, al amable capitán, Napoleón se embarcó en su esquife y dio orden de que lo echasen a tierra en la cala del molino de las Allées-Marines, donde le esperaba un coche para conducirlo a Marrac.

Instantes después, al entrar en sus habitaciones, uno de los ayudantes de campo le recordó que no había dado el santo y seña del castillo para la noche. El emperador volviose con viveza, y le dijo:

—Que el santo y seña sean *Espía y Práctico*. Necesito recordar estas dos palabras.

Al día siguiente, un tropel de gente llegado de Bayonne ocupaba ambas márgenes de la embocadura del Adour. Sabía que el Emperador debía asistir a la salida del corsario *Almiral-Martin*. Napoleón fue allí efectivamente a la una; subió a bordo y, dirigiéndose al capitán Darribeau, preguntole si se hallaba provisto de todo lo que le hacía falta para tan peligrosa travesía.

—Tengo todo cuanto necesito en abundancia, señor –le respondió Darribeau–. No hay más que una cosa que me ha sido imposible proporcionarme: es un cirujano para cuidar a los heridos en caso de combate.

El Emperador, dirigiendo su anteojo hacia los grupos que ocupaban las dos orillas, observó sin trabajo, con su ojo de águila, a un doctor militar que se paseaba en el muelle del Norte del brazo con su mujer. Envió un bote en su busca. Cuando le tuvo en su presencia, Napoleón le explicó la necesidad que el buque tenía de sus servicios, e intimole la orden de que lo acompañase en su expedición.

El pobre doctor quiso balbucear algunos pretextos entre los cuales mezclaba el nombre de su mujer abandonada sola en la playa y que nada sospechaba, más el Emperador le tranquilizó diciéndole que él se encargaba de ella, que iba a conducirla a la ciudad y que la colocarían cerca de la Emperatriz hasta su regreso. El doctor atribulado y lisonjeado a un mismo tiempo, viose reducido a hacer de tripas corazón. Tuvo que resignarse… El corsario levó el ancla, las velas entregáronse a la brisa; pocos instantes después, embestía valientemente la barra y se lanzaba resueltamente a la mar ancha, surcada por un crucero enemigo por entre el cual debía atravesar.

Tres horas después de su salida, era perseguido con energía por una fragata inglesa que empezaba a alcanzarlo con sus cañones de caza, cuando el bizarro Darribeau, por una súbita inspiración, queriendo sacrificarlo todo a la marcha del buque, lanzó la artillería al mar, y después de este acto desesperado, el *Amiral-Martin*, desembarazado de aquella pesada carga que gravitaba sobre sus obra muerta, redobló la velocidad y desapareció de la vista de la maravillosa fragata, que tuvo que renunciar a una vana persecución.

***

Cerca de dos meses habían transcurrido desde la salida del corsario para las Antillas. Napoleon hallábase un día en el Boucau inspeccionando los trabajos de los dos magníficos muelles que aguardan pacientemente un engranaje que los una sin solución de continuidad con Bayonne y Saint-Esprit, estas dos hermanas que se miran sentadas sobre ambas orillas opuestas del río.

Iba a su lado un hombre de alta estatura, de mirada viva, de gesto brusco, que ostentaba en su ojal la cinta de la Legión de Honor. Este era M. Bourgeois, teniente de navío, práctico mayor de la barra a quien el Emperador honraba con particular estimación. Hablaban juntos, casi familiarmente, cuando el jefe de prácticos hízole observar que el telégrafo semafórico colocado en la embocadura del Adour acababa de enarbolar una señal anunciando que un buque francés se dirigía hacia la costa perseguido por el crucero inglés. Propúsole al mismo tiempo subir a la torre para observar la maniobra de los buques que tenían a la vista.

Napoleón aceptó enseguida y, llegados que fueron al punto de observación, todos los anteojos se dirigieron a lo lejos.

—¿Qué os parece, Bourgeois? —dijo Napoleón después de observar un momento—. ¿Creéis que ese buque escape de nuestros enemigos?

—Señor, está aún demasiado lejos para decidir la cuestión. Le persiguen una fragata, una corbeta y un bergantín ingleses. Todos llevan lona a desarbolar. Empujados como van por una brisa tremenda, no podemos tardar en saber a qué atenernos.

Y cada cual se puso a observar de nuevo la carrera que tenía lugar entre el pobre barco francés y los tres cruceros formidables que semejaban a otros tantos buitres encarnizados tras un débil pajarillo.

Cundía una viva ansiedad. Esperábase una decisión que no podía venir más que de la mirada experta del práctico mayor. Mas este continuaba observando con intensa atención.

De repente, una viva alegría pintose en su semblante marcial:

—¡Les gana!, está salvado, señor, estoy seguro.

Luego, tras un momento de reflexión, añadió:

—Si mediase más tiempo desde su salida, podría decirse el nombre de ese barco: hasta la fecha creía que no había más que uno en nuestros puertos capaz de ganar a aquella fragata, y que era el *Amiral-Martin*.

—No puede ser él –repuso Napoleón–; ya sabéis que aún no hace dos meses que salió de aquí, no ha tenido tiempo…

—¡Señor, es el *Amiral-Martin*, ahora estoy seguro de ello! Distingo en su palo de mesana la señal que convinimos con el capitán en caso de regreso. ¡Qué velero! ¡Oh!, ya le dije yo: solo él es capaz de dar palos a aquella fragata –y el valiente Bourgeois, seguro de abrazar pronto a su amigo Darribeau, restregábase las manos con viva satisfacción.

La cara del Emperador se había oscurecido. El talón de su bota golpeaba precipitadamente las losas del piso. Palabras breves, secas, salían de su boca en forma de soliloquio, las cuales manifestaban su viva contrariedad:

—Si es él –decía–, fusilado… pero no…, imposible…, aquel hombre, su palabra tan altanera, tan segura… deshonrado… no se atrevería a presentarse delante de mí… Esperemos.

Acercábase, entretanto, aquel que se atrevía a desafiar al crucero inglés. Allí estaba, a la vista, saltando como un golfín sobre la cima de las olas que parecía tan solo besar con su gracioso casco.

La fragata inglesa, viéndose atrás, habíase detenido a bastante distancia. La corbeta había seguido la caza un poco más lejos por el honor del pabellón. Pero el bergantín, al que su poco calado hacía más atrevido en la costa, persiguió con encarnizamiento al corsario francés. Sus cañones de caza no dejaban de hacer fuego; hasta habíanle alcanzado varias balas, pero sin causarle averías que pudiesen disminuir su marcha. En fin, el *Amiral-*

Martin, pues era él, llegó a la embocadura de la ría y franqueó la pasa con la velocidad de una flecha.

El Emperador no podía dominar su impaciencia. Por orden suya, el práctico mayor hizo seña al buque para que fondease al pie de la torre.

Cinco minutos después, Napoleón, con las cejas fruncidas, severo el rostro, asentaba su planta en la cubierta del buque, y se encontraba en presencia del capitán a quien parecía querer anonadar con su mirada.

—¿De dónde venís, caballero? —díjole con una voz cuyo timbre denotaba una tempestad próxima a reventar.

—De la Martinica, señor —contestó el valiente marino, con perfecta calma y sin desconcertarse en lo más mínimo.

—¿Pero, no hace dos meses que salisteis?

—Verdad es, señor, no hace más de 58 días.

—¡Es una travesía imposible! La prueba, la necesito, ¿me entendéis, caballero?

El corsario llegó en un salto desde la cubierta a su camarote; volvió a aparecer al momento, trayendo en la mano un pliego lacrado que presentó al Emperador, y saludándole con profundo respeto:

—Señor —le dijo—, tengo el honor de entregar a Vuestra Majestad la respuesta del gobernador de las Antillas al despacho para él con que os dignasteis honrarme.

Los músculos de la fisonomía del Emperador se dilataron. Miró con profundo interés a aquel hombre intrépido que estaba allí, en su presencia, sin orgullo y sin temor; y, fijando en él su mirada de águila, mas esta vez lleno de benevolencia, díjole:

—Capitán Darribeau, habéis correspondido a lo que de vos esperaba. ¡Muy bien!, estoy satisfecho. Estoy impaciente por volver a Bayonne, mas, antes, quiero saber lo que puedo hacer por recompensaros según vuestro mérito. ¿Qué deseáis?

—Nada, señor.

—Eso no es natural —repuso el emperador—. Formulad una petición cualquiera y, si depende de mí, os la otorgo.

—Nada pido, señor –volvió a contestar el corsario con respetuosa firmeza.

Evidentemente contrariado, volviose Napoleón, diciendo:

—Adiós, capitán; nos volveremos a ver, ¡seguro!

Bajó a su esquife, que le esperaba para volverlo a llevar a Bayonne; pero antes de desatracar, cambió algunas palabras con M. Bourgeois, y las personas más próximas pudieron coger al vuelo el coloquio siguiente:

—¡Esto es más que terquedad!, ¿comprendéis algo?

—¡Señor, habéis dudado de su palabra!

—¿Es decir, que es una naturaleza de hierro la de vuestro amigo?

—Señor, sí, y un alma de temple de acero.

—Me gustan esos hombres; me son útiles y me ayudan a cumplir grandes cosas. Os encargo expresamente que me hagáis recordar a este.

—Tendré buen cuidado de ello, señor –repuso M. Bourgeois, saludando respetuosamente a Napoleón, que se alejaba.

Y el bote del Emperador, con su hermosa águila dorada de alas extendidas, se lanzó hacia Bayonne, seguido de la blanca embarcación del práctico mayor, tan ligera como aquel, tal vez, pero al que las leyes de la etiqueta mantenían a respetuosa distancia.

CAPÍTULO VIII

Bajo esas caras pensativas
Laten corazones alegres.

G. G. AVELLANEDA

Un casamiento. — Crucero del *Invincible Napoléon* en la costa de Irlanda, en 1811

Un cielo luminoso y azul anunciaba un hermoso día; el sol acababa de levantarse radiante, iluminando con luz deslumbradora el pintoresco panorama que se extiende de la punta del Reduit a la pequeña ensenada que forma el puerto de Boucau. Algunas nubes de neblina, trasnochadas, pintábanse de matices diversos y se desvanecían bajo la acción de los rayos solares que atravesaban sus diáfanas formas: el puerto brillaba con millares de luces, reflejando los variados y ricos colores del prisma; y como para saludar a este espléndido despertar de la naturaleza, un corsario fondeado en medio del Adour, por el través del arsenal de marina, acababa de izar sus banderas de gala.

Había fiesta en tierra. Iba a celebrarse, aquel día, el matrimonio de Pierre de Duhalde, de Guétary, gaviero a bordo del *Invincible Napoléon*, con la muchacha más bonita del Boucau, con Marie, que debía el ser al viejo Saldou, práctico de la barra.

Era una pareja bien escogida, y que daba delicia ver bailando los domingos sobre el verde césped; pues si Marie era joven y bella, Pierre, a los veinticinco años, era uno de esos bellos tipos de marino que reúnen el vigor a la elegancia de un talle elevado y bien contorneado.

Naturalmente, una parte de la tripulación estaba convidada a la boda, que debía concluir con un baile.

El capitán prestaba la lancha grande que recibió a los alegres convidados. Empujada por la bajamar, y manejada por brazos nervudos animados por el atractivo de la diversión, llegó pronto al desembarcadero del Boucau.

—¡Cuidado, adelante! –gritó el hombre que tenía la caña del timón, y, en el mismo instante, una veintena de marinos endomingados, con la risa en los labios, saltaron ligeros a tierra e irrumpieron en el muelle, alegres como pinzones, dándose las palmadas amistosas que acompañan al buen humor del marinero.

La chaqueta azul, adornada con botones de ancla, el ancho pantalón blanco, sujeto sobre las caderas con un cinturón rojo que reemplazaba a los tirantes, la corbata del mismo color negligentemente anudada con las puntas flotando alrededor del cuello, los sombreros de castor cuya parte superior estaba cepillada a contrapelo, pícaramente colocados sobre la oreja, en fin los zapatos adornados con enormes cintas formando lazo, demostraban que los valientes mozos habían encapillado el uniforme de gran gala de rigor en la época, para honrar a la joven pareja que iba a enlazarse.

La expresión de placer que iluminaba sus francas fisonomías, más aún que el porte severo de su traje, indicaba claramente, que iban a una dulce faena que les prometían las *bodas y festines*.

El viejo Saldou y los parientes de la desposada con su traje de fiesta, vinieron a recibirlos al yerbal que se extiende delante de la aldea, y después del intercambio tradicional de apretones de mano, dirigiéronse todos hacia la casa nupcial donde Marie esperaba a su prometido.

Marie era una muchacha muy graciosa, cuando alegre, viva, traviesa y desenfadada, jugaba con sus compañeras en los días de fiesta. Pero, en aquel momento, ¡qué hermosa estaba con sus vestidos de desposada! Un reflejo serio y grave daba a su cara, antes tan reidora, una nueva y desconocida gracia. Una corona de flores de azahar que encuadraba su expresiva cabeza, un largo velo blanco que retenía sus hermosos cabellos, negros y lisos como el ala del cuervo, la hacían asemejarse a una madona. Así que más de un joven marino del corsario envidiaba por lo bajo la suerte del dichoso Pierre; y aquellos que ponían menos freno a su lenguaje y a sus maneras, pegando a Saldou en la espalda, le susurraban al oído:

—¡Decid, abuelo!, ¿por qué os habéis detenido en tan buen camino? No era una así lo que había que botar al agua, ¡sino media docena!

Los marinos como los soldados, en quienes la costumbre se vuelve una segunda naturaleza, siguen un método en todos sus actos, aun cuando no estén a ello obligados. Así, no puede sorprender ver al viejo Saldou dirigiendo las maniobras de la fiesta como si se tratase de un acto de servicio.

—¡Ea, muchachos! –exclamó–, la iglesia de Tarnos está lejos, tomemos un poco de lastre para la travesía; a la vuelta cargaremos la bodega por completo. ¡Adelante Pierre y Marie, y el que nos quiera, que nos siga!

A esta llamada, la alegre tropa precipitose en una sala espaciosa donde estaba servido el almuerzo. El clásico trozo de jamón, la tortilla de yerbas finas, callos rociados con vino añejo de Capbreton hicieron el gasto de la función gastronómica.

Se bebieron enseguida algunos vasos de coñac, y el séquito púsose en marcha, con los violines a la cabeza, al través de las dunas, del arenal y del bosque de pinos que separan el Boncau de la iglesia parroquial situada en el camino de Burdeos.

Concluida la ceremonia religiosa, volvió a tomar el camino de la aldea, donde una comida confortable esperaba a los desposados y sus acompañantes, que disfrutaron de ella de buena gana.

Tras el banquete, vino el baile. El célebre *Cadet* conocido por *el de la Ballena*, el *Musard* de la época, después de haber puesto casi acordes los cuatro violines que componían su orquesta, que invariablemente tocaban al unísono, tono y medio, cuando menos, más bajo que el diapasón, dio la señal del baile gritando con su voz gangosa:

—¡A sus puestos! ¡A sus puestos!

La alegre tropa en seguida estuvo preparada. Daba gusto ver el movimiento, la animación, el entusiasmo, la franca alegría de aquella muchedumbre abigarrada. El gracioso traje de nuestros marinos, sus rostros bronceados, su bailar un tanto descabellado, salpicado de *piruetas* y de *recortes*, contrastaba pintorescamente con las enaguas brillantes, las pañoletas caprichosas y las posturas sencillas, cándidas y graciosas de las jóvenes boucalesas.

No obstante, el *crin-crin* del jefe de orquesta anunció a la alegre asamblea que, completamente entregada al placer, no notaba el curso de las horas que transcurrían inexorables, que la célebre contradanza llamada del *riage* iba a dar fin a la fiesta. Los muchachos gritaron: *¡Bravo!* Las bailarinas se sonrojaron (de placer sin duda alguna), puesto que, al fin de cada figura, el bailarín tenía el derecho de abrazar a su compañera.

¡Oh! ¡Costumbres antiguas! ¡Tiempos primitivos! ¡Usos viejos de nuestros abuelos!, ¿qué es de vosotros?

Al menos en aquel entonces, se bailaba, y el garboso bailarín podía desplegar toda la elasticidad de sus piernas y de sus gracias en el paso de *verano*, la *pastorela* y otras figuras más, en las que se veía lanzarse solo un brillante caballero atrayéndose las miradas de un numeroso círculo.

Hoy, el arte de la danza no existe ya. Se anda, se resbala, se empuja, se mueve, se balancea con más o menos desenvoltura sobre las caderas, se contonea… pero ya no se baila. ¡Balochard ha destronado a Vestris!

Ha concluido el baile. El último golpe de arco ha resonado en el oído de los bailarines. Los parientes se apoderan de la joven pareja, la cual es escoltada hasta el cuarto nupcial, asilo inviolable en cuyo umbral debemos dejar caer una espesa cortina.

Respecto al padre Saldou, no concluyó así aquella fiesta que no tendría igual para él. Retuvo todavía a los alegres marinos del corsario, y los cánticos acompañados con numerosas y prolongadas libaciones coronaron dignamente aquel hermoso día. Fue, empero, preciso pensar en separarse y al alba del día, la lancha del *Invincible* llevaba a bordo a los bravos marinos, que conservaron por largo tiempo el recuerdo de la boda de su amigo Pierre.

***

Era en 1811; Francia, prepotente por tierra, veía relucir su gloria sin rival. Desgraciadamente, aquella misma época ponía en descubierto, y como contraste, su debilidad marítima.

Napoleón, que ya no tenía escuadras que oponer a las de Inglaterra, había resuelto continuar la lucha destruyendo el comercio inglés.

Con ese objeto, su gran genio concibió la idea de construir infinidad de barcos ligeros, armados, ya sea por el estado, ya por particulares, para atacar y perseguir sin tregua a los barcos mercantes de la Gran Bretaña.

A esta última categoría pertenecía nuestro antiguo conocido, el corsario *Invincible Napoléon*, a quien volvemos a encontrar un domingo del mes de febrero, hacia la una de la tarde, listo para zarpar para un crucero a las costas de Irlanda, siempre bajo el mando del intrépido Martin Jorlis.

Su salida estaba decidida hacía ya varios días; pero los vigías de la costa señalaban constantemente fragatas inglesas a la vista; había que morder el freno.

Por fin, una mañana las señales de semáforo establecidos en los arenales entre Bayonne y las costas de España, anunciaron al impaciente capitán que el horizonte estaba libre, limpio de cruceros de toda clase.

Izose la bandera para llamar a los prácticos. Un bote atracó al instante al corsario, mas una viva contrariedad pintose en el varonil rostro de Jorlis, cuando oyó el parte que le daban.

Había pasado la época de las grandes mareas, y como el corsario tenía mucho calado, la salida resultaba imposible. Pero Jorlis no era hombre que se dejase abatir por una circunstancia tan poco grave; así es que contestó al práctico que se obstinaba en demostrarle la imposibilidad de hacerse al mar:

—Hoy, bien; pero mañana, a esta hora, quiero que mi buque esté a la vela, y estará.

—Diréis, entonces, a vuestra tripulación que lo coja a hombros y lo lleve fuera de la barra –replicó el práctico–, pues os faltará un buen pie de agua bajo la quilla.

—Eso es cosa mía; todo lo que os pido es que estéis preparado para sacarme mañana, en cuanto veáis mi señal.

El práctico se retiró, moviendo la cabeza y sin poder explicarse aquella seguridad del capitán ante una imposibilidad material.

—Ese diablo de hombre –decíase a sí mismo–, no duda de nada.

En la mar, ya lo comprendo, allí está en su casa, yo lo reconozco como maestro; pero aquí, cuando es cuestión de practicaje, me parece que debe entenderlo, de esto sé cuando menos tanto como él… En fin, mañana no está muy lejos, le veremos en acción.

Mientras la lancha llevaba al práctico a tierra, el esquife del capitán, suspendido a la popa del corsario, caía al agua, y cuatro vigorosos remeros lo conducían al pie de la escalera. En cuanto tocó, embarcose Jorlis y dijo a sus marinos:

—¡Larga y boga duro, tenemos prisa!

La ligera embarcación desatracó a bordo y franqueó en un momento la distancia que hay del Boucau a las Allées-Marines. Jorlis hizo que lo dejaran a bordo de uno de los quechemarines que servían al comercio entre ambas costas opuestas del golfo. Tuvo una conversación bastante larga con el patrón, en su cámara, y después de explicarle el servicio que de él esperaba y demás condiciones relativas al riesgo que iban a correr, ayudado por los vigorosos marinos del corsario, levó ancla y, virando a favor de la bajamar, fue a colocarse en el Boucau, abarloado con el *Invincible*.

La bizarra tripulación del corsario, que llevaba de brazos cruzados hace ya días, y a quien el ocio repugnaba, aceptó entusiasmada y cumplió en un abrir y cerrar de ojos el trabajo que se le mandaba. Aseguráronse las vergas, se colocaron grúas de descarga, se pasaron los cabos en las roldanas, y el quechemarín vascongado recibió en su redonda bodega toda la artillería y algunas toneladas de lastre del corsario, que se vio con ello tan aligerado como para franquear la barra.

Al día siguiente, se largó de nuevo la bandera, y viose acudir al incrédulo práctico, el cual al ver el quechemarín, adivinó sin trabajo el medio empleado por el capitán Jorlis para hacer posible su salida.

Hallando el calado conveniente, mandó inmediatamente la maniobra, que fue ejecutada con un enérgico hurra.

El viento era frescachón, soplaba del sudoeste, el cielo limpio, la mar lisa ondulaba muellemente sobre la costa cuyas orillas emblanquecía. El quechemarín de alijo, favorecido por su poco calado, tomó la delantera, pasó la barra y alejose rápidamente en dirección del puerto de Pasajes.

El gracioso corsario, obligado por su afilada estructura a esperar la pleamar, largó por fin velas y, lanzándose como un caballo de carrera por largo tiempo sujeto, dejó pronto tras de sí los muelles, la torre, los arenales, las rompientes que adornan la entrada de nuestra ría.

En el momento en que el sol se ponía tras los Pirineos, los dos buques dejaban caer el ancla a la entrada de la bahía interior que rodea en parte el pintoresco pueblo de Pasajes.

El puerto de Pasajes es una de las más bellas posiciones que pueda hallar la vista del marino. Sobre todo, desde el punto de vista de la marina militar, ofrece recursos y ventajas que difícilmente se hallan en otros lugares reunidas. No en balde Napoleón, justo apreciador de su importancia, había puesto sus ojos en él para convertirlo en un arsenal de primer orden, capaz de rivalizar con

Brest, con Toulon o con Rochefort. Júzguese por la siguiente ligera descripción:

Situado en el fondo del golfo de Gascuña, Pasajes es el único puerto en que pueden entrar, en todo tiempo, navíos y fragatas.

El navegante que está de recalada, para hacer su entrada, ve primero una costa escarpada, alta, acantilada, cuyo pie se baña en el mar, formando una muralla inmensa, contra la cual parece que va a hacerse pedazos. A medida que se aproxima, dibújase una exigua abertura, verdadera puerta tallada en la peña entre dos montañas. Es la entrada del puerto y hay que ser práctico para dar con ella, a poco contrario que sea el tiempo. El barco da en un canal estrecho, dominado desde la altura, por donde corre una ría caudalosa que no tiene más que medio kilómetro de extensión y que viene a morir en una bahía interior, inmensa, encerrada entre colinas y montañas, que fácilmente podría contener todas las escuadras de Europa.

Después de lo que antecede, no costará trabajo concebir que Napoleón acariciase el proyecto (que hubiera realizado de haber continuado en el trono), de hacer de este punto inexpugnable un puerto militar de primer orden. Pero Napoleón cayó de la cima de su poder y Pasajes ha quedado como lo que era: un puerto de arribada habitado por algunos pescadores, que son, en caso necesario, prácticos intrépidos, y hacen a los marinos servicios señalados, cuando el huracán los obliga a buscar un refugio en el fondo del golfo.

Volvamos al *Invincible Napoléon*, a quien hemos dejado echando el ancla a la entrada de esta magnífica bahía. Ya sabemos que no tenía tiempo que perder para hacerse a la mar, hallándose por casualidad el horizonte libre de cruceros ingleses.

Volver a tomar del quechemarín su artillería, compuesta de seis carronadas y 8 piezas largas de a 8, fue cosa de unas horas merced a la actividad desplegada por la tripulación. Trasbordose también el lastre que se echó en el Boucau; y, al día siguiente, a la puesta del sol, como un ave de presa que extiende sus alas y se dispone a caer sobre los débiles habitantes del aire, viose resbalar por entre el boquete que conduce al mar al *Invincible* con su corsé de bronce, cuyos reflejos metálicos reflejaban las aguas.

Era digno de verse ese día, con su cintura coqueta que hacían resaltar en bordado negro las carronadas de sus portas, con todo el velamen largo, con las alas largas, vivo, alegre; había que verlo, dejando tras de sí la tierra, de la cual parecía huir, corriendo diez nudos, con una brisa del sureste, en tanto la ligera marejadilla ondulaba en la superficie de las olas poniendo de relieve a su paso, por la regularidad de sus movimientos, todos los secretos de la coquetería.

Por sus ligeros movimientos, que parecían caprichos de mujer, por el balance de su arboladura inclinada hacia la popa, graciosa como el talle de una moza que se dispone a bailar el *fandango*, habríasele tomado por uno de esos seres fantásticos que la imaginación en sueños concibe, con los contornos más puros, con las más armoniosas formas. El cielo, ligeramente cubierto, daba al mar un color oscuro que contribuía a realzar aún más el brillo y la ligereza de aquella linda embarcación, obra maestra de la construcción bayonesa, oponiendo como repulsivo de perspectiva, tintas fuertes en su blanco velamen y en su elegante obra muerta.

"¡Oh!, caballero –nos decía el narrador, testigo y actor en las terribles escenas que vamos a relatar–, ¡qué corsario era aquel *Invincible Napoléon!* y ¡qué hombre su capitán! Parecían creados el uno para el otro.

"Si el vigía gritaba: '¡Vela!', el oficial de guardia contestaba: 'Bien, ¿en qué rumbo?' Y, mientras el marino indicaba la posición del buque señalado, Jorlis con su voz estentórea añadía: 'Deja arribar a la banda sobre él, a ver si vemos qué figura tiene en el mascarón de proa'; y os juro que se hacía según él ordenaba. Sin calcular jamás las fuerzas del enemigo con quien tuviese que habérselas, dirigía su buque recto a él, con intrepidez sin igual. Pero, también, caballero, había una especie de poder, de fatalidad en los encuentros del *Invincible*. En cuanto los enemigos vislumbraban blanquear sus velas en el horizonte, admirados de la maravillosa rapidez de su marcha, los marineros lo suponían sobre su buque, como el encanto fascinador que tienen sobre los pajaritos las alas del gavilán. ¡Infelices de aquellos a quienes se arrimaba en su crucero a la aventura! Resistirlo hubiera sido más que imprudente, pues tenía uñas y dientes, y sus ojos despedían relámpagos a los cuales seguían de cerca los estallidos del rayo. Además, aunque hubiese sabido romperlos al tocarlo jamás abandonaba sin enseñorearse, a aquellos hacia quienes dirigía su proa. Sí, caballero, era un rudo corsario el *Invincible* y su capitán un valiente que no se ladeaba en el momento de hacer fuego."

Al día siguiente, a la salida del sol, el ligero corsario se encontraba a gran distancia de su punto de partida. La brisa había aguantado toda la noche. Como el estado de la mar y del viento habíale permitido mantener todas sus velas altas, la corredora indicadora de su marcha había marcado siempre de diez a once millas por hora.

Viéronse durante el día dos fragatas inglesas, pero estaban a gran distancia a sotavento; persiguieron durante algunas horas al corsario, que continuó su derrota sin desviar un punto, seguro como estaba de andar más que ellas.

Durante ocho días que tardó en descolgar, fue igualmente perseguido a menudo por fragatas enemigas, de las cuales escapó siempre por la maravillosa rapidez de su marcha.

Se hallaba ya próximo a la entrada del canal de Saint-Georges, que separa a Inglaterra de Irlanda, primer punto en que debía establecerse el crucero. La tripulación, alegre por haber atravesado sin tropiezo las líneas numerosas y formidables de los cruceros ingleses escalonados desde el cabo Lezard hasta el fondo del golfo de Gascuña, preparábase para hacer pagar caras las visitas que contaba con hacer a los ricos galeones que habían atravesado el Atlántico e iban a encontrarse más que sorprendidos al ver a un corsario francés lo bastante atrevido para cerrarles la entrada de los puertos de la altiva Albion.

Era media noche, el cielo estaba oscuro; el tiempo cubierto y achubascado, cubría el mar con una espesa capa de neblina. Olas de trapisonda, cuyas crestas blancas brillaban con mil fuegos, venían a romperse a los costados del corsario.

Todo era tristeza y silencio a bordo. Redoblábase la vigilancia en aquellos parajes enemigos, que no ofrecían más que costas inhospitalarias en las cuales cada encuentro podía ser un peligro. De repente, y en un claro ocasionado por un rayo de luna, cubierta de nubes menos espesas que en aquel momento, se apercibió a cierta distancia una blancura inusitada, que se reveló súbitamente como la del velamen de un gran buque.

Siguió un momento cruel. La oscuridad habíase hecho más profunda, el resplandor misterioso se perdió entre las tinieblas, y después apareció de nuevo, más cercano, y otra vez se desvaneció.

Prevenido el capitán, hallábase sobre cubierta. La tripulación aguardaba con la más viva ansiedad la decisión que iba a tomar. Al poco rato llamó al oficial de guardia y díjole en voz baja:

—Haced subir toda la gente sobre cubierta, ordena el más profundo silencio, haced cargar todo, que no quede un retazo de lona que un soplo pueda agitar. Es preciso que ese buque pase sin vernos.

Pocos minutos bastaron para que la maniobra se ejecutase, merced a aquel sinnúmero de brazos que el peligro impelía a trabajar, y tan solo la guinda negra del hermoso corsario quedó en pie, con su graciosa simetría, imperceptible a la menor distancia en una noche tan oscura.

El tiempo pasaba y el barco extranjero continuaba acercándose. Era de temer un choque entre los dos buques. Jorlis ya lo sabía; era un azar desfavorable, puesto que el *Invincible*, privado enteramente de las velas, no podía evitarlo. Pero después de haber examinado atentamente, en una clareada, el buque desconocido con un excelente anteojo nocturno:

—¡A la mano de Dios! –habíase dicho Jorlis–. Es demasiado grande para nosotros, hay que dejarlo pasar, y procurar que no nos vea.

Después de que se cargaron las velas, nadie a bordo del corsario pensó en volverse a la hamaca: todos los ojos se fijaban en el barco formidable que se había aproximado considerablemente y cuya larga batería parecía iluminada como para un día de fiesta. Rodaba majestuosamente en medio de las olas balanceando graciosamente los fanales que relumbraban en su proa y en su pico.

Un orden admirable reinaba a bordo de aquella masa imponente, que era nada menos que una gran fragata inglesa, que corría a un descuartelar, directamente hacia el *Invincible* que se encontraba en su línea, al cual al pasar debía echar a pique a menos de una casualidad providencial.

En aquel momento lleno de horror, en que toda palabra era inútil, todos los pechos se habían contraído; los más intrépidos de la tripulación tenían el corazón helado, la ansiedad era terrible en el instante solemne; algunos minutos más y, continuando su marcha, la fragata pasa por encima del *Invincible*, que se iría a pique con su valiente tripulación.

Mas, ¡oh!, ¡dicha inesperada! En el instante en que el corsario iba a entrar en el radio de luz formado alrededor de la fragata por su batería y sus fanales, posición en la cual hubiera sido infaliblemente descubierto, la *inglesa*, orzando de golpe, viró de bordo, alejose y no tardó mucho tiempo en desaparecer en la inmensidad de una noche profunda.

Un gran suspiro, largo tiempo contenido, se escapó entonces de todos los pechos. Se habían salvado. Dejáronse pasar algunos momentos más, luego largáronse las velas en silencio; el *Invincible* cubriose de lona, y tomó una dirección opuesta a la del enemigo, del cual acababa de escapar por una especie de milagro.

No eran estos los únicos peligros a los que debía estar expuesto nuestro corsario en aquella atrevida campaña sobre las inhospitalarias costas de Irlanda. Una población extremadamente dura esperaba a su valiente tripulación. Al día siguiente, una horrible tempestad estalló en aquellas alturas: no duró menos de 25 días.

El pobre *Invincible* se vio obligado, durante cerca de un mes, a mantenerse a la capa en medio de un mar espantoso, de un furioso viento, calados los masteleros, bajados los cañones al fondo de la bodega, porque abrían al buque en los balances: tiempo de sufrimientos, miserias, que la valerosa tripulación sobrellevó con valor y resignación. Sentado al socaire de los masteleros o de la lancha, mientras que una mar furiosa mugía a su alrededor y amenazaba con tragarlos, veíanse a los hombres de guardia reunirse para contarse aquellas historias cuya tradición se perpetúa entre los marinos; otros recordaban las escenas domésticas, los placeres, las alegrías de la patria. Muchas veces cantaban juntos, con voz ronca, aquellas baladas monótonas como el ruido de las olas que los rodeaban, y melancólicas como la mayor parte de las canciones que gustan a la gente de la mar. En vano era que el viento tronase sobre sus cabezas, que silbase por entre las jarcias, que torrentes de lluvia los inundasen, que el mar amenazase con tragarlos o llevarlos... Ellos charlaban, cantaban, aquellos hombres de hierro, inaccesibles al temor en una tan terrible posición, tan tranquilos en medio de los elementos desencadenados, como si su teatro hubiese sido una *velada* apacible en la aldea más tranquila. Escuchemos un rato a estas naturalezas elegidas y veamos cuán poca parte tiene en el tema de su conversación el sentimiento del peligro que los rodea.

Un grupo de marinos está reunido cerca de la bitácora. Un fuerte toldo de lona alquitranada, sólidamente atado sobre sus cabezas, les preserva a duras penas de los incesantes chubascos que caen sobre el pobre barco. Es de noche, la guardia acaba de empezar. El oficial acaba de servir a la redonda una gran ración de aguardiente destinada a combatir el rigor del tiempo y a aclarar la garganta de los *recitantes*, que son de una utilidad indiscutible en circunstancias como aquellas en que se encontraba el *Invincible*.

Todos callaban, no obstante, a pesar de la influencia alcohólica. y es que el huracán duraba desde hacía varios días y el repertorio de nuestros marinos habíase casi agotado completamente. *La Gran serpiente de mar, el Cazador Holandés, el Barco del Diablo, el Corsario negro*, todo se había pasado y repasado. Y nada nuevo quedaba por contar.

Lo cual, visto por el oficial de guardia, dirigiéndose a un viejo hablador no pudo menos de decirle:

—¡Di tú, Palanquín!, ¿estamos tal vez mudos esta noche? Ea, vamos a ver, empecemos una historia y que dure toda la guardia.

—¡A fe!, mi teniente –contestó el viejo lobo de mar–, esta borrasca va siendo tan larga, que ya están vacíos nuestros sacos; todas nuestras historias ya las hemos contado tres o cuatro veces y acaba uno por aburrirse, ¡veis! Haría falta algo nuevo para divertirse. Pero, a propósito, contadnos, algo vos, M. Despujols. Aunque joven, sois un mozo *cruo* en la mar y algunas veces habéis debido encontraros algún poco remojao.

—De mil amores –contestó el teniente Despujols–. ¡Voy a contaros un episodio cuyo recuerdo me hace aún temblar! Hace de esto cinco años; yo estaba embarcado en el navío el *Veteran*, de a 74, mandado por el príncipe Jèrôme Bonaparte. ¿Conocéis el puertecito de Concarneau?

—Cómo no! –respondió Palanquín–. Es un puerto de pescadores, en la costa de Bretaña, donde apenas hay agua suficiente para el paso de una balandra o un quechemarín.

—¡Pues bien, te equivocas, viejo! –replicó Despujols–, porque yo he entrado en Concarneau con un navío de a 74.

—Puede ser –repuso un marino–, pero de todos modos eso debe de ser bien curioso.

—Vamos, teniente, recitadnos eso como cuentas de rosario, vos que también sabéis contar esas cosas cuando estáis dispuesto.

—Escuchadme, pues, y haced por no interrumpirme: "El 26 de septiembre de 1806, con un tiempo sombrío, acompañado de lluvia y de ráfagas violentas que levantaban las olas del mar, todos los habitantes del puertecito de Concarneau, en la costa meridional del departamento de Finistère, estaban reunidos en la playa. Las olas estrellábanse a sus pies, la lluvia los inundaba, el viento azotábales los rostros; no por eso persistían menos en mantenerse a la intemperie, atentos al inusitado espectáculo que se presenta a su vista a una milla, cuando más en la mar. Efectivamente, la escena era digna de llamar la atención de gentes más acostumbradas a oír los alegres cánticos del pescador que vuelve por su barca, que la voz potente del cañón de los buques de guerra.

"Cuando el viento, disipando las nubes amontonadas, limpiaba momentáneamente el cielo, y permitía a la vista extenderse a lo lejos, los habitantes de Concarneau, apercibían, no sin espanto, un navío francés huyendo de la caza que le daban toda una división de navíos ingleses; y hasta una fragata enemiga le entraba ya tan de cerca que podía hablarle para hacerle arriar la bandera.

"Aquel navío francés era el *Veteran*, de a 74, mandado por el más joven de los hermanos del Emperador, por el príncipe Jérôme Bonaparte. Había formado parte de una escuadra enviada a América: pero habiéndole un temporal separado de los otros buques de su división, y no pudiendo reunírseles, habíase visto obligado a hacer rumbo para volver a Francia. El 15 de Agosto de 1806, día del cumpleaños del Emperador, el joven capitán de navío había apresado un convoy inglés que escoltaban dos fragatas. El enemigo perdió en aquella ocasión más de 20 millones. El almirante Keith, que cruzaba las costas de Francia, furioso al saber esta noticia, se había puesto a la busca del *Veteran*, decidido a hacerle pagar cara su victoria.

"El 25 de Septiembre por la noche, el navío del príncipe Jèrôme habíales sido señalado a sotavento, y se había puesto a darle caza, contento con la importante captura que no podía dejar de hacer al amanecer del día siguiente. Pero lord Keith no contaba con la audacia de nuestro joven comandante.

"El 26, el capitán Jèrôme Bonaparte, acuciado por los ingleses, corría la costa acercándose a ella lo más posible, maniobrando para evitar los arrecifes que hacen tan peligrosos aquellos parajes y en busca de un fondeadero donde pudiera estar al abrigo del enemigo. No era cosa fácil.

"El *Veteran*, con todo su velamen largo, cambiando bordadas con la fragata de vanguardia de la división del almirante, había llegado a la altura de Concarneau, en la ensenada de Glenans, cuando su comandante, viendo que no podía esquivar por más tiempo al enemigo, sin riesgo de perderse en las rompientes, reunió en junta a todos sus oficiales con el fin de promover una resolución definitiva.

"El estado mayor del *Veteran*, convocado por el príncipe, no sabía a punto fijo qué partido tomar; Jèrôme, joven, intrépido, prefiriendo morir con las armas en la mano, más bien que servir al triunfo de un almirante inglés, acababa de declarar formalmente que, por su parte, no veía más que dos partidos aceptables: caer de lleno sobre la división enemiga, forzar el paso, y hacer proa a Brest, o abarloarse al navío almirante y hacerse volar con él. Íbase, sin duda alguna, a adoptar una de esas resoluciones extremas, cuando el oficial Halgan, que acababa de alejarse para ordenar una maniobra, oyó que, cerca de él, un mozo marinero de a bordo, llamado Furie, decía en voz alta en bretón:

"—Mira, qué demonio, si quisieran, ya metería yo el navío en Concarneau.

"—Pedazo de tonto –dijo el segundo de Jèrôme, encogiéndose de hombros y contestando, como a pesar suyo, al marinero–, ¿acaso crees tú que un navío de 74 no cala más agua que tu lancha de pesca?

"–Posiblemente, comandante –respondió tranquilamente el joven timonel–; pero eso no quita que si quisiesen, yo entrara el navío en Concarneau.

"Esta insistencia empezó a interesar la atención de Halgan.

"—Vamos a ver –añadió–, ¿sabes siquiera situarte? ¿Sabes en dónde estamos?

"–¡Oh! –replicó impasiblemente el novicio, ¿creéis acaso que no conozco las rocas, las pasas, y todo cuanto hay en un puerto donde he nacido?

"Y púsose a hacer una descripción tan exacta de todos los puntos de alrededor, que el capitán Halgan, cogiéndole por el brazo, lo llevó a presencia del príncipe Jèrôme, dándose prisa para explicar que aquel novicio timonel aseguraba poder meter el navío en Concarneau.

"El comandante Jèrôme interrogó al novicio, volviéndose hacia su estado mayor:

"—¡Vamos, señores!, tanto vale eso como hacerse volar; veamos.

"–Oye –dijo al marinero–: te doy carta blanca, tú mandas a bordo; di, y se te obedecerá.

"Al instante, el joven timonel, sin hacérselo decir dos veces, cogió la caña del timón y puso derecha la proa sobre un punto que las olas cubrían con su espuma.

"Al ver esta maniobra, un prolongado grito de espanto partió de todos los puntos del navío. Creímonos perdidos sin remedio. Varios oficiales apresuráronse a hacer observar al joven príncipe que el marinero los conducía de lleno sobre los arrecifes; y, lo más curioso, la fragata inglesa, al ver la nueva dirección tomada por el *Veteran*, detúvose de golpe, mientras que el almirante Keith, como noble y generoso amigo, nos hizo la señal de: *¡Rompientes delante!* Pero Jèrôme no hizo caso ni de las observaciones de su estado mayor ni de las señas del almirante inglés: confiando en la experiencia, y en la sangre fría de su práctico, entregose a él completamente.

"Bien pronto el *Veteran*, corriendo la costa con rapidez, entró valientemente en una pasa estrecha en medio de los rompientes, y fue, ante la vista de la división inglesa, en medio de los aplausos de los habitantes de Concarneau, a ponerse al abrigo de los tiros del enemigo, admirado de semejante audacia.

"Tras un suceso tan inesperado, el *Veteran* no pudo por algún tiempo salir de su puerto de arribada, donde fue desmantelado, y necesitó dos años para salir de Concarneau.

"El príncipe Jèrôme recompensó generosamente al intrépido timonel, a quien todos debíamos la vida; y a bien seguro que no le perdería de vista en su carrera, y que su ascenso habrá sido rápido."

En el instante en que el teniente Despujols concluía su narración, y cuando sus oyentes se preparaban a hacer observaciones sobre el mayor o menor interés que les había inspirado, sobrevino un choque terrible a bordo del *Invincible*, el cual, cansado de la lucha que desde hacía tiempo sostenía con los elementos, dejó oír un espantoso crujido. Era una ola que acababa de caer con estrépito sobre la cubierta, tronzando o llevándose cuanto encontraba. El valiente corsario desapareció por un momento bajo aquella masa de agua, pero no tardó en desembarazarse, sacudiéndose, pronto a oponer sus hechuras esbeltas a un nuevo ataque, puesto que a la más perfecta elegancia reunía una solidez a toda prueba. Los hombres de guardia estaban atados y, gracias a esta precaución escaparon a la húmeda avalancha que sobre ellos pasaba.

Por fin, a los veintisiete días, el cielo se apiadó del *Invincible Napoléon* y de su tripulación; la mar cayó, el viento amainó como por encanto. Trabajose diligentemente en reparar las averías sufridas durante la tormenta. Las piezas perdidas se restablecieron, volvió a guindarse la arboladura que se había calado, se afirmaron los durmientes; y el corsario, entregando sus velas a la brisa, volvió a su carrera aventurera a través de las olas británicas.

El buque parecía tener que recuperar el tiempo perdido, tal era el ardor que desplegaba en su marcha; la tripulación, vuelta a la franca alegría que es el atributo del corsario, entregábase a trabajos ligeros entremezclados de epigramas sazonados con sal gruesa, cuando un grito dado por el hombre de vigía hizo levantar todas las cabezas: "¡Vela!, ¡buque a sotavento!" Y todos los ojos se fijaron en la dirección indicada. Una masa informe, sacudida por la marejada, se veía a lo lejos. El capitán, después de haberlo observado un momento con su catalejos, exclamó en extremo alegre:

"—¡Vamos, muchachos! Aquí hay un botín. Es una fragata abandonada en el último temporal y ricamente cargada, a fe de Jorlis, o no entiendo palotada. ¡Timonel!, deja arribar sobre ella.

Una hora después, nos hallábamos a medio tiro de pistola del buque extranjero. El corsario izó la bandera francesa que afirmó con un cañonazo. El extranjero, destruido por la tormenta que le había desarbolado de sus tres masteleros de gavia, arrió bandera sin dificultad. Era un galeón armado con ocho piezas de artillería y tripulado por treinta hombres, procedente de la India, con 1.800 pacas de algodón, cuyo valor en aquella época era de 2 a 3 millones de francos. Y, ¡qué hurra lanzó la valiente tripulación del corsario al saber esta buena noticia!, cambiose la tripulación del inglés, y el oficial Canton, segundo del *Invincible*, fue nombrado capitán de la presa, que montó con una parte de los hombres elegidos del corsario.

Jorlis dio el rumbo, y ambos buques pusieron la proa hacia las costas de Francia, para recalar en el puerto más próximo y poner a buen recaudo tan rica presa.

Dos días hacía que el corsario y su valioso prisionero navegaban en conserva para alcanzar un puerto hospitalario de la costa de Francia. Todo el mundo estaba sobre ascuas. Dos sentimientos ocupaban la imaginación de los tripulantes: la alegría de tener una presa considerable, cuyo reparto prometía a cada cual una pequeña fortuna con acompañamiento de los más variados goces; la zozobra causada por la travesía que aún quedaba por hacer en aquellos parajes surcados por los cruceros ingleses.

Eran las doce del mediodía y disponíase al relevo de la guardia.

Jorlis estaba sobre cubierta con dos oficiales, Ducasse y Despujols. Sus ojos habíanse fijado varias veces en un punto lejano del Océano.

—¿Creéis tal vez que el tiempo va a cambiar, capitán? –preguntole Ducasse.

—Veis tan bien como yo, que el tiempo, sin ser el mejor, no tiene sin embargo mal aspecto –contestó Jorlis.

—¿Qué miráis pues, tan atentamente al largo, desde hace un momento?

Jorlis levantó lentamente la mano, e iba a señalar con el dedo algún objeto casi invisible, cuando su brazo recayó de golpe.

—Era una ilusión –dijo–; tal vez el ala de una gaviota sobre las olas –y de nuevo púsose a andar sobre la cubierta, con rapidez.

Los dos oficiales siguieron con la vista y con inquieta sorpresa los precipitados movimientos de su comandante.

La tripulación, que había oído algunas palabras de la conversación, se agrupó y fijó una mirada preocupada en el punto a donde se había dirigido el brazo del capitán; pero no pudo ver más que grandes olas rematadas por montones de brillante espuma, cuyo contraste hacía más sombrío e imponente el aspecto de aquella llanura de húmedos surcos. Al cabo de un momento, Jorlis se detuvo de nuevo:

—¡Y eso! –dijo–, ¿no veis aún?

—Nada, capitán –respondieron los dos jóvenes–. Y sin embargo tenemos buenos ojos.

—Tomad mi catalejo y fijadlo entre los flechastes del palo mayor y del de mesana en dirección a esta faja luminosa. Mirad, ahí está, levantándose sobre la cima de las olas. Mis ojos no me habían engañado, ¡es una fragata! ¿Es que arriba no hay nadie para vigilar?

El teniente Despujols se lanzó a la arboladura y, después de un momento de observación sobre la cruceta de juanete:

—¡Sí, sí, tenéis razón, capitán! —gritó—: es efectivamente una fragata que corre derecho hacia nosotros, y que crece rápidamente sobre el agua. Hay que cambiar de amura y aprestar las clavijas, pues nos cae encima a ojos vista.

El corsario navegaba a la sazón a bolina cerrada. Esta posición no era de las más favorables. La que le daba más capacidad de avanzar, un avance sin igual, era el largo. Así es que el capitán mandó arribar y el *Invincible* tomó caza delante de la fragata inglesa que se cubrió de lona para alcanzarlos.

El oficial Canton, que mandaba el rico galeón apresado, corrió por su parte en una dirección opuesta, con el propósito de engañarla y procurar acercarse a las costas de Francia. Pero la fragata, después de una hora de persecución encarnizada, viendo que la distancia que la separaba del ligero corsario aumentaba en lugar de disminuir, le abandonó para caer sobre el galeón, que no podía pensar en competir a la carrera con ella. Así que pronto estuvo a contrabordo con él y vio de nuevo los colores británicos flotar en su pico y nuestros bravos compatriotas que la montaban fueron hechos prisioneros de guerra.

El *Invincible Napoléon* alejábase rápidamente, cubierto de velas para evitar las tristes consecuencias de los pontones ingleses, de los cuales tenía ya triste experiencia una parte de sus tripulantes. Las caras a bordo estaban algo afligidas y a fe que había razón para ello.

Cuando la fragata hubo abandonado la caza por apoderarse del conductor de algodón, a la inquietud que conmovía los ánimos reemplazó la calma y la reflexión, y el sesgo que naturalmente tomaron las ideas no era de lo más agradables. Por un lado, la pérdida de una rica presa; por otro y mirando a su alrededor, no todo era alegría y satisfacción a bordo del corsario.

Durante los 25 días de temporal que acababa de sufrir, el casco había padecido horriblemente en los golpes del capeo; las costuras habíanse abierto; habíanse declarado varias vías de agua, y, sobre todo, cuando forzaba de vela, el agua entraba a bordo del pobre *Invincible* como a través de una criba. Así que, en esas circunstancias, una parte de la tripulación estaba ocupada continuamente en las bombas. La posición, según se ve, no era insostenible; pues, ¿cómo pensar en continuar el corso, rodeado de enemigos, expuesto a combatir, a forzar de vela para escapar al peligro, con un buque que cogía agua como una cesta y con una tripulación extenuada de fatiga?

Era impensable.

Bien convencido de su posición, Jorlis, sin dejar de proseguir la marcha rápida que le alejaba cada vez más de la fragata inglesa, reunió en consejo, en su cámara, al estado mayor, a los contramaestres y a algunos marineros de los de mayor experiencia, a fin de tomar una determinación.

Como era habitual en semejantes casos, se pidieron los pareceres, empezando por los rangos inferiores.

—¡Vamos, viejo tiburón! –dijo Jorlis dirigiéndose a un marinero de ancha estructura cuyas arrugas, faz bronceada y cabellos grises, daban fe de sus largos servicios–; a vos el honor. Ya sabéis cuál es el objeto de nuestra reunión; decidnos francamente lo que pensáis y qué conducta debemos observar para bien de todos. Sobre todo, sed breve, si es posible; no nos queda tiempo que perder.

El viejo lobo de mar, cerrando los ojos a medias, como hombre que procura reunir ideas esparcidas, recogiose un instante; luego, haciendo pasar de derecha a izquierda una *mascada* enorme de tabaco que henchía su carrillo, y alargando sobre la mesa un brazo nervudo que terminaba en una mano larga y huesuda, dijo:

—Capitán, oficiales míos, y vosotros, marineros, veis que soy llamado a dar mi opinión, el primero, en un trance difícil. No soy más que un pobre diablo de marino, que no he sido *educado*, ni más ni menos que mi padre, el buen hombre, a quien Dios bendiga, el cual no quería que su hijo fuese más listo que lo era él. Este es el motivo por el cual he recibido en mi juventud más chicotazos que lecciones de lectura, puesto que, desde que me conozco, he vivido más en mar que en tierra. Y a propósito de esto, yo pregunto, con la venia de la honrada compañía, ¿por qué Dios ha hecho tanta tierra, cuando el hombre está hecho principalmente para vivir en la mar? ¡La tierra!, era enteramente inútil, en mi opinión; y bien habría bastado con algunas islas acá y allá para reponer las averías, refrescar los víveres…

El consejo sabía de muy atrás la prolijidad del orador, y aguardaba una arenga más o menos excéntrica, y como no había tiempo para escucharlo atentamente como en una guardia de hermosa noche, cuando no hay cosa mejor que hacer, el presidente le interrumpió bruscamente:

—¡Al grano, viejo, al grano!, ¡nada de frases! ¿Qué es lo que hay que hacer a bordo del *Invincible*, decídnoslo en cuatro palabras sin bordadas y concluyamos de una vez.

—Capitán, y vosotros mis señores oficiales, y vosotros… Aquí, el orador fue otra vez interrumpido con un enérgico juramento de Jorlis, quien levantándose con el puño tendido, se disponía a llamarle al orden y a las conveniencias del momento.

Viendo lo cual, el viejo marino repuso con volubilidad:

—Perdonad, capitán, allá voy; dadme un casco estanco, una jarcia de primera, arboladura de pino del Norte, un velamen bien cortado, una brisa hecha y una mar bella, y será nuestro corsario el rey de la mar. Pero, cuando el agua filtra por las junturas a la bodega, cuando la tripulación se ha vuelto una compañía de bomberos, yo digo entonces: Ya no es lo mismo; mi pobre *Invincible* está enfermo.

—¡Ea, vamos, a ver, concluid!

Eso no es difícil, capitán: cuando se está enfermo, hay que ir a buscar al médico. Aquí el médico es el señor *Carena* (y contento el viejo marino con su equívoco, púsose a reír, guiñando el ojo a sus vecinos). Y, como no puede venir en nuestra busca, ese médico de la desgracia, debido a que el piso es un tanto blando y húmedo, mi parecer es que debemos ir a su encuentro, y cuanto antes, sin lo cual yo veo al pobre *Invincible* transformado en gallinero en el primer temporal. Y ahora, he concluido –dijo el viejo valiente pronunciando un *hum* formidable que hizo retemblar la cámara del consejo.

Ya se sabía lo que esto quería decir.

—¡Mozo!, un trago de ron al viejo –exclamó Jorlis.

—¡Gracias, capitán!, con vuestro permiso, y salvo sea el respeto que debo a la compañía –dijo el marino, tomando de las manos del niño un enorme vaso de aguardiente, que tragó sin pestañear hasta la última gota, haciendo sonar la lengua en señal de dulce satisfacción.

En seguida, emitió su opinión cada uno de los miembros del consejo; todos estuvieron de acuerdo y decidiose por unanimidad que el buque, no pudiendo ya aguantarse en la mar sin peligro en malos tiempos, quedaba terminada la campaña y cuanto antes irían a Pasajes para carenar el corsario. Braceáronse las velas por tanto y el *Invincible Napoléon* se dirigió hacia el golfo de Gascuña.

Vuelta del corso

Al día siguiente, al alba, la tripulación del *Invincible*, cuya mayor parte descansaba todavía, se vio sobresaltada por varios gritos que partían simultáneamente de los palos: "¡Vela a estribor!, ¡vela a babor!, ¡vela a barlovento!, ¡vela a sotavento!"

Dejamos que nuestros lectores juzguen por sí mismos el tumulto que esto produjo a bordo del corsario.

Jorlis y sus oficiales, despertados de golpe como los demás, saltaron sobre la cubierta con la ropa de cama, y allí se encontraron con un espectáculo capaz de abatir ánimos menos enérgicos que los suyos. El corsario había caído en medio de una escuadrilla inglesa compuesta de dos navíos, una fragata y una goleta que les servía de escampavía.

La tripulación estaba triste y silenciosa. Considerábase ya prisionera, pues locura era pensar resistir a fuerzas tan superiores. Todos los ojos se volvían por momentos hacia el capitán, pues cada cual presentía que aquella era la última esperanza, y que de su sangre fría, de su valor y de su presencia de ánimo dependía la salvación de todos.

Jorlis conocía su influencia sobre la tripulación en aquellos críticos momentos; así es que, después de un serio examen de la posición, afectando una alegría que no sentía en el fondo de su corazón, exclamó con aire jovial:

—¡Vamos, vamos, hijos!, ¿qué es eso?, ¿acaso es el céfiro de la mañana lo que os pone tan tristes y meditabundos? Además, ¿por qué diablos habremos subido en un traje tan ligero? Ea, bajad y que cada cual acabe de vestirse para presentarse en traje decente delante de las visitas que nos llegan. Y ahora, escuchadme bien: ¿veis esos cuatro buques cuyo aspecto ha hecho palidecer vuestros rostros? Escaparemos de ellos, yo respondo. Para eso, no os pido más que una cosa, y ya sabéis que estoy en posición de exigirla de vosotros en semejantes pasos: ¡Obediencia a mis órdenes!

Para hacerse cargo de la confianza que encerraban las últimas palabras del capitán, es preciso explicar la posición de los cuatro buques en cuyo centro se encontraba el *Invincible*.

Los dos navíos y la fragata, formando un semicírculo, se situaban a dos o tres millas de distancia a sotavento. La escampavía, que abría la marcha de la división como exploradora, había traspuesto de noche al corsario y se encontraba a una dos millas delante de él; y en esta crítica posición, lejos de pensar en rendirse o en dejarse intimidar, Jorlis continuaba bravamente su camino, después de haber enarbolado su bandera que desplegó como un reto lanzado a sus temibles adversarios.

La tripulación, sin embargo, hallábase lejos de estar tranquila a la vista de aquellas fuerzas imponentes. Los brazos estaban cruzados o colgados; los ojos recorrían con ansiedad los diversos puntos del horizonte. Aquí y acullá entablábanse conversaciones en voz baja.

—¿Qué pensáis de todo esto, maestro? —dijo un marinero joven a un viejo lobo de mar que miraba a los enemigos, negligentemente apoyado sobre la obra muerta.

—Esos buques tienen la arboladura muy alta para nosotros, muchacho —respondió este—, nada ganaremos con entrar en conversación con ellos. ¡Los tenemos muy encima! Sin embargo, si la brisa se aguanta, tenemos una salida abierta delante de nosotros, salvando una escaramuza, al paso, con aquel *ship* de allá abajo que me hace cara de querérnosla cerrar.

—¡Qué diablos! —dijo uno de los oficiales, Dilharreguy de Urrugne, que los escuchaba—; ¿para qué ocuparse de los tres gavilanes que tenemos por detrás, cuando solo nos queda una calandria por el frente?

El viejo marino iba a replicar, pero el capitán apareció sobre cubierta, y su presencia cortó de golpe todas las conversaciones privadas.

La posición era de las más críticas; toda la responsabilidad pesaba sobre él; todos atendían a sus órdenes con aquella respetuosa confianza que da la reconocida superioridad de un jefe.

El capitán examinó con profunda atención, por medio de un excelente anteojo, la distancia, la dirección y el andar de los dos navíos y de la fragata. Y, cuando se hubo fijado, volviéndose hacia su tripulación…

—No tengáis cuidado, hijos —dijo—. Por ahora, nada tenemos que temer de los tres formidables enemigos que nos dan caza. La marcha del *Invincible* los mantendrá a distancia sin problemas. No tenemos, pues, que ocuparnos más que de la escampavía que nos corta el paso, y debo creer que no teméis que nos trague de un bocado, ¿no es así, mis valientes? Preparémonos a hacerle ver con qué leña se calientan los hijos de Bayonne. No tenemos tiempo que perder. Mirad, ya se decide a enseñarnos la nariz. ¿Viene para presentarnos batalla, o para reunirse a su división? De todos modos, debemos cambiar un saludo al pasar. Seamos corteses; hay que ahorrarle la mitad del camino y colocarla como se debe según las leyes del honor. ¿Teniente?

—Manda vd… , capitán?

—¡Haced guarnir las alas y largar los sobres! ¡Y pronto! ¡Pensad que nos están mirando ojos avezados y que verán si somos listos en maniobrar! ¡Vamos, arrancha la cubierta! ¡No hay que dejar más que la arboladura de respeto que no pueda entorpecer nuestros movimientos! ¡Y vosotros, los de la bomba, moved los brazos! ¡El *Invincible*, cargado de lona, va a fatigar las costuras del casco, no hay que dejar que el agua nos gane, ira de Dios! ¡De lo contrario, a Dios el andar del corsario y cuidado con los pontones! –y volviéndose, bruscamente exclamó–: ¡Zafarrancho de combate!

Estas últimas palabras fueron pronunciadas con una voz tan potente que resonaron hasta en los oídos de los guardianes de la bodega. A este grito bien conocido, el interior del buque se animó con un movimiento extraordinario; el abatimiento dio lugar a la energía, a la inquietud, el entusiasmo: la valiente tripulación olfateaba el olor de la pólvora y se hallaba bajo la impresión de la alegría que siempre le causaba la probabilidad de tener que cambiar una andanada con los ingleses.

Cuando el oficial de guardia dijo que todo estaba listo para la acción, como jefe experimentado, quiso inspeccionar por sí mismo los distintos puestos de combate. Conocía a fondo el carácter de los marineros, que en las horas de peligro y de crisis, basan las más veces sus emociones en las facciones del jefe que los manda. Si le ven a este tranquilo, la confianza se generaliza; si está abatido, el ánimo se enerva, el desconsuelo se extiende por todas partes. Así es que una expresión de entusiasmo y de alegría animaba el aspecto naturalmente severo de la fisonomía de Jorlis; sus labios se entreabrían sonrientes, su voz fuerte, con vibrante acento, y los marineros, reconociendo aquella noble seguridad que les gustaba encontrar en su capitán al aproximarse el peligro, entregáronse a las demostraciones entusiastas que siempre en ellos precedían a la victoria.

111

Jorlis estaba inspeccionando la batería, en medio de la alegre expansión de su tripulación, cuando observó a un jefe de pieza entregado a una preocupación que no le era habitual y extraordinaria en un momento como aquel.

—¿Qué te pasa, mi pobre Augusto? –le dijo tocándole familiarmente en la espalda–. Te veo triste como una gaviota a cien leguas de tierra; ¿qué has hecho de tu alegría?

—No lo sé, capitán –respondió el joven artillero–. Me sucede hoy algo que jamás he experimentado. Ya sabéis cuánto amo mi *cañón*, cómo lo cuido, y cómo me enorgullezco cuando se presenta ocasión de hacerlo roncar a los oídos de esos comedores de *rostbeef*, ¿no? Pues bien, no experimento esta vez ninguno de aquellos sentimientos: en lugar de estar satisfecho y alegre, estoy pensativo y triste.

—Pero, en fin, ¿eso tendrá alguna explicación? ¿Te ha sucedido algo? Dime francamente lo que hay y procuraré curar tu imaginación, que es la única enferma.

—¡Oh!, no, capitán, eso es imposible, es preciso que mi destino se cumpla… He tenido un sueño esta noche… un sueño espantoso. Tengo la idea fija de la desdicha…

Y había en estas postreras palabras del marino un sentimiento profundo de melancolía.

—Vamos, ya sé lo que es –dijo Jorlis riéndose–. Esos diablos de ingleses me han hecho olvidar el *mata-neblinas* esta mañana. ¡Mozo!

—¿Capitán? –contestó una cabeza infantil con cabellos ensortijados que se dejó ver en la escotilla.

—¡Ron!, ¡doble ración de ron a cada hombre!

Un prolongado hurra acogió la cortesía del capitán. Al instante los potes y vasos circularon de mano en mano en medio de la general alegría. Brindis por el capitán, imprecaciones contra los ingleses tradujeron tumultuosamente el humor de los corsarios; restableciose empero la calma, cuando el pito agudo del contramaestre hendió el aire.

De todos los hombres de la tripulación, solo el jefe de pieza, Augusto, no participó de la alegría general. Dio su ración de ron a sus camaradas, sin siquiera llevarla a los labios. Véase que todas sus facultades estaban dominadas por aquel profundo sentimiento, bajo cuya influencia se encontraba. Solamente pareció querer volver un momento de su letargo, cuando el teniente de guardia le dijo:

—¡Cada cual a su puesto! El inglés se acerca, ¡preparémonos a recibirlo bien!

Después de esta advertencia, los marineros volvieron rápidamente a sus puestos, donde se mantuvieron derechos y firmes, listos a comenzar el combate.

El interior del corsario, que antes presentaba tan animado cuadro, transformose como por encanto en inmovilidad y silencio, que solo interrumpían, con raros intervalos, algunas risotadas ahogadas, reprimidas a duras penas, consecuencia de una broma del Tirabeque de a bordo.

A todos esto, la escampavía avanzaba, corriendo a contrabordo del *Invincible*, y la dirección de ambos buques los obligaba forzosamente a pasar a medio tiro de pistola uno de otro.

Los marinos del corsario, con los ojos fijos en los agujeros de la faja de lona que cubría la obra muerta, admiraban la graciosa rapidez de su marcha. Y era realmente una linda embarcación, cuya estela pocos barcos de su tamaño hubieran podido seguir. Era uno de esos *yachts* de elegante construcción, cuyo secreto parecen tener los ingleses, precioso, vivo, ligero, que perfilaba en su carrera casi aérea todas las ondulaciones de las olas; colocado cerca de los grandes buques de la división de que formaba parte, y visto a cierta distancia, podría tenérsele, con sus velas blancas, por un ave marina balanceándose sobre las olas.

¿En qué pensaba, pues, aquella frágil y linda escampavía atreviéndose a atacar a un adversario tan desproporcionado, tan temible como nuestro *Invincible*? De fijo, que de hallarse sola, semejante idea jamás hubiera germinado en su cerebro; pero contando con la presencia y el apoyo de la división, a cuyo frente iba, y llena de orgullo, del estoicismo que llenaba el corazón de los ingleses de aquella época, que se intitulaban los reyes del mar, su comandante jamás hubiera llegado a pensar que un corsario francés sería suficientemente audaz para sostener, con las armas en la mano, el honor de su pabellón ante fuerzas tan desproporcionadas. Hasta creyó por un momento que el *Invincible* venía a él para rendirse prisionero; pero vistas por medio de sus anteojos las disposiciones contrarias tomadas para el combate, preparose para sostenerlo y, a decir verdad, lo hizo sin vacilación ni temor.

Los dos navíos y la fragata, testigos del encuentro que iba a tener lugar, y en el cual la distancia les impedía tomar parte, forzaban de vela para ir a socorrer a su escampavía.

Había llegado el momento decisivo; los dos ligeros buques iban a presentarse los costados. El silencio más profundo reinaba a bordo del corsario. Las caras varoniles de los marinos que la montaban reflejaban una ligera inquietud: no la causaba ciertamente el encuentro que iba a tener lugar, encuentro que, en cualquiera otra circunstancia, hubiera sido un juego de niños para nuestros atletas: lo que ellos temían era que en la andanada que iba a cambiarse, un tiro desgraciado en el timón o en la arboladura, neutralizando la marcha del buque, permitiese alcanzarlo a la división inglesa; y entonces ya no había resistencia posible, concluía la esperanza de volver a ver la patria: había que resignarse a ser prisionero de Inglaterra, y sabido es cuántas lágrimas y cuánto dolor encerraban estas palabras.

En el momento en que los adversarios iban a cruzarse a contra bordo, Jorlis subió al banco de guardia y cogió la bocina.

—¡Artilleros, atención! –exclamó–, ¡ira de Dios! ¡apuntar bien! ¡¡¡Fuego!!!

A esta orden, que fue repetida al mismo tiempo a bordo del inglés, un largo y vivo relampagueo atravesó la batería de ambos buques; fue seguido de una terrible detonación y oyose el silbar del granizo de hierro que atravesaba los aires. Una espesa nube de humo envolvió al corsario, impidiendo juzgar al pronto las consecuencias más o menos sensibles que se hubieran producido. Pero, algunos instantes después, cuando elevándose en espiral a lo largo de la arboladura, adornó al *Invincible* con un fantástico chapitel, viose al *ship* inglés huyendo a todo trapo para reunirse con su división, a cuyo lado iba a buscar un abrigo protector, y a reponerse de las inmensas averías que le habían causado.

En efecto, el corsario, más levantado sobre el agua que el *cutter*, había barrido la cubierta de su adversario. Los artilleros habían apuntado tal como les había recomendado el capitán, y las astillas rotas, arrancadas por la metralla, denotaban que la tripulación inglesa había debido quedar horriblemente maltratada.

Jorlis, al ver que la escampavía abandonaba la partida, examinó el velamen del corsario, que no había recibido más que un daño insignificante: vio con una alegría de que participó toda la tripulación, que el valiente buque nada había perdido de su andar y continuaba su marcha, pareciendo querer desafiar a la carrera a sus terribles enemigos que intentaban, aunque en vano, acercarse a él. Pasado el primer momento de satisfacción al ver libre el camino ante él, echó una ojeada a la cubierta para calcular exactamente el daño recibido.

El corto calibre de los cañones del *cutter*, la casualidad, o la torpeza de los apuntadores eran causa de que el casco y la jarcia apenas hubiesen sufrido. Algunos astillazos de madera habían ocasionado heridas sin gravedad. Sin embargo, una sola bala enemiga, atravesando desgraciadamente una porta había derribado al jefe de pieza, a quien Jorlis encontró tendido, sostenido por sus camaradas y recibiendo los auxilios del cirujano.

—Qué es eso mi valiente Augusto –le dijo, cogiéndole las manos–, estamos heridos?

—Más que eso, capitán… ¡ya os lo había dicho!

—Va, bromeas, no hay que desesperar del todo. ¿No es cierto, doctor, que conservaréis al *Invincible* su mejor jefe de artillería.

Por toda contestación, el doctor hizo con la cabeza una señal que parecía decir:

"—Yo bien quisiera hablar, pero, en conciencia, no puedo hacerlo delante del paciente.

El pobre Augusto replicó:

—Mirad, capitán, no hay que hacerse ilusiones: estoy herido de muerte; siento que me voy para el gran viaje; es duro a mi edad... pero son gajes del oficio... Así que, basta... y fuera penas.

—¡Hijo!, no hables así –replicó el capitán–; el doctor nada ha dicho todavía, y mientras no se han perdido todas las esperanzas.

Augusto, cogiendo la ruda mano de Jorlis, llevola a sus labios y luego se la puso sobre el corazón.

—¡Capitán! –dijo–, acordaos de mi sueño de anoche. Vaya, ¡estaba escrito! ¿Acaso hubiera estado afectado en el momento de la acción yo, Augusto, si no fuera a sucederme una desgracia? Noto que voy a largar mi cable por el escobén. Mirad, ya empieza; una neblina pasa por delante de mis ojos... ¡Capitán!, antes de morir, ¿espero que me concederéis una gracia?

—Habla y estate seguro, que, si es posible, se hará.

—¡Gracias!, ¡gracias! –añadió el moribundo con voz más débil–; Dios os lo pagará. He aquí de lo que se trata; tengo una madre anciana que está fondeada sobre dos anclas, allá hacia Bayonne, como quien dice en el sitio de los Cordeleros. Si sois más dichosos que yo; si volvéis a ver nuestra linda ciudad, id a su casa... Decidle que su hijo ha muerto pensando en ella, y con el sentimiento de no poder pedirle su bendición... Decidle que, esto no obstante, me la envíe de todos modos allá arriba... con algunas buenas oraciones, porque eso no puede hacer daño. Y ahora, yo tengo mi parte de botín en mi saco. No es gran cosa, pero hay algunas monedas amarillas, que le serán agradables a la buena vieja, porque no se encuentra muy holgada de dinero, y luego... ¡Oh!,

¡cuánto sufro! –añadió el pobre chico, poniéndose cada vez más pálido y colocando una mano sobre el corazón.

Jorlis le ofreció cumplir enteramente la misión que le confiaba, en tanto que los numerosos testigos de aquella escena enternecedora tenían los ojos húmedos de lágrimas.

El paciente, gastadas sus fuerzas, no pudo resistir las emociones que despertaban en él los recuerdos de su madre. Su cabeza volvió a caer para atrás; soltó la mano del capitán y, pocos momentos después, los corsarios conmovidos recogían el último suspiro de Augusto el artillero.

Todos los marinos del corsario, excepto los que estaban ocupados en las maniobras, habían asistido tristes y silenciosos a los últimos instantes de su camarada. Único de toda la tripulación herido mortalmente por la andanada de los ingleses, su pérdida fue más vivamente sentida que si hubiese habido un combate mortífero. Es comprensible, por cuanto los sentimientos, las sensaciones, en lugar de recaer en un gran número de individuos, como sucede cuando hay cantidad de muertos o heridos, hallábanse allí concentradas en un solo y único objeto de afección. Augusto era querido de los oficiales y de los marineros: era un hermoso chico de 25 años, de fisonomía franca y abierta, de carácter leal e intrépido. Su pérdida fue sinceramente sentida. Sus camaradas le lloraron; pero la crítica posición en que se hallaba el corsario, que no podían permitirse olvidar, hubo de abreviar necesariamente las muestras de simpatía que la tripulación en cualquiera otra circunstancia se hubiese hallado dispuesta a concederle.

Hacia el anochecer, el maestro velero, asistido por algunos ayudantes, dispúsose a coser al difunto en su hamaca, que debía servirle de sudario. Lo vistieron con sus mejores ropas, y, concluida esta operación, le ataron dos balas en los pies. El cuerpo fue en seguida puesto sobre una mesa colocada cerca del coronamiento. Encendieron dos fanales a derecha e izquierda, y el pabellón tricolor con su brillante estameña cubrió los despojos del difunto.

Era aquel un espectáculo lúgubre e imponente a la vez, en el cual la naturaleza pareció por un momento querer tomar parte. Al acercarse la noche, la brisa que arreciaba agitó ligeramente el mar; el viento gemía al través de las jarcias, mezclando su voz rara a aquel luto general.

Solo faltó una formalidad a la fúnebre ceremonia: el bracear las vergas en cruz; pero perseguido como estaba por la división inglesa que ponía en cazarlo un encarnizamiento increíble, picada como se sentía de verse así burlada por un adversario tan débil, no había que pensar en ello; y, aunque vivamente afectado, como toda la tripulación, con la pérdida de su jefe de pieza, Jorlis, que presidía la ceremonia, levantaba de vez en cuando los ojos hacia arriba, para ver si cada vela funcionaba convenientemente y si el corsario desplegaba todo el ardor, todo el andar de que era capaz.

Viendo que todo iba bien, y que el *Invincible* mantenía fácilmente la distancia que lo separaba de sus enemigos, hizo una señal, e izose la bandera a media asta; la campana de a bordo, cuyo badajo se había envuelto con estopa, echada a vuelo por un marinero, dio un sonido lúgubre y sordo, y después la tripulación entera formó un cordón a lo largo de la obra muerta. Entonces, seis marineros de uniforme cogieron los restos del difunto, los colocaron en un ataúd, y encamináronse en buen orden hacia la escala del comandante, en cuya cima depositaron su carga.

El momento solemne había llegado. Se anunció con un disparo de cañón.

Un viejo gaviero ofreciose para desempeñar las funciones de capellán, y, adelantándose hacia el cadáver, pronunció la siguiente corta oración, tan sencilla como tierna, la cual fue mentalmente repetida por todos los asistentes:

"¡Dios mío!, ya que ha sido vuestra voluntad llamar a vuestro lado al alma de nuestro compañero, recibidla con vuestra misericordia infinita. Confiamos su cuerpo al mar, esperando la hora de la resurrección, en la cual la mar y la tierra devolverán los depósitos que se les confían."

En cuanto hubo concluido, dos marinos se inclinaron, mientras un tercero recogía la bandera que cubría los restos mortales de Augusto, y levantando la extremidad de las tablas sobre las que estaba depositado el cuerpo, hiciéronle resbalar y lo precipitaron en las ondas, en medio de las cuales desapareció, produciendo en la superficie una serie de pequeñas olas rápidas y circulares.

Otro último cañonazo, salido de los flancos del corsario, anunció que la ceremonia se daba por terminada.

Los hombres que habitan a bordo de un buque pueden ser considerados como si formasen una familia. Los puntos de contacto entre ellos son íntimos y de todos los instantes: hay que agregar a esto la idea de los riesgos que corren en común, y que ocupa sus imaginaciones: ¿quién sabe de quién se necesitará mañana, hoy, dentro de un rato tal vez?, y, por lo tanto, una afección natural, especie de indisoluble lazo, fórmase entre todos aquellos individuos que participan de la misma existencia, asociados a los mismos peligros.

Los vacíos en la sociedad se notan apenas; a bordo de un buque hieren y ocupan por más tiempo los espíritus. Ya lo sabía el capitán; así es que se apresuró a hacer olvidar la escena de tristeza a que la tripulación acababa de asistir. Un agudo silbido llamó a cada cual a su puesto. Los preparativos del combate desaparecieron; se recogieron y repusieron las armas en sus sitios, lo mismo que las municiones que embarazaban la cubierta; finalmente, una gran ración de ron, distribuida a tiempo, acabó de disipar las ideas más o menos tétricas que ocupaban todas las cabezas.

Durante todo aquel día, nuestro ligero corsario, aunque desplegando un andar igual, no perdió de vista a sus enemigos. Había ganado distancia a los navíos, verdad era, pero la fragata, prosiguiendo la caza con raro vigor, se mantenía firme y lo perseguía de cerca. Ambos barcos tenían casi la misma marcha. Afortunadamente sobrevino la noche, oscura y negra, si las hay, y aprovecharon esta circunstancia para escapar a los perseguidores. Cambiose el rumbo, y, al día siguiente, al rayar el alba, la valerosa tripulación del *Invincible* tuvo la muy dulce satisfacción de hallarse frente a un horizonte limpio de buques ingleses.

El *Invincible Napoléon* rompió aún mares durante una semana, antes de llegar al puerto de arribada. Fueron días de continuas marchas y contramarchas. El golfo se hallaba cuajado de cruceros ingleses, de los cuales solo pudo librase a favor de la noche o gracias a su marcha extraordinaria.

Por fin, al octavo día, después de haber escapado como por milagro a los innumerables peligros que acababa de atravesar, dejó caer sus anclas al abrigo protector de las baterías que defienden la entrada del puerto de Pasajes.

Ya conocemos la extraordinaria actividad de Jorlis; en cuanto llegó, tomó disposiciones para hacer a su buque las reparaciones que tanto necesitaba. Se despasaron las maniobras corrientes; se desenvergaron las velas; se calaron los masteleros de juanete y de gavia, y el casco, dado de quilla, fue cuidadosamente carenado, mientras que la jarcia y el velamen se ponían, por otra parte, en buen estado.

Todas estas operaciones, inteligentemente llevadas, duraron escasamente un mes, fecha en que volvemos a encontrar a nuestro corsario fresco, bonito, limpio, elegante, con sus velas envergadas, con su batería brillante, en una palabra, como nuevo, balanceándose muellemente sobre sus anclas, a la entrada del puerto, dispuesto a emprender de nuevo sus aventureros cruceros

.

CAPÍTULO IX

Le pauvre dans sa cabane
Où le chaume le couvre
Est sujet à ses lois;
Et la garde qui veille
Aux barrières du louvre
N'en défend pas les rois.

RACINE

Rasgo de audacia del capitán Jorlis delante de Oporto. — Captura del Invincible Napoléon

Hacia el fin del mes de marzo de 1811, el corsario el *Invincible Napoléon* completamente renovado, zarpaba del puerto de Pasajes para ir a establecer un nuevo crucero en las costas de Portugal. Pero llegado a algunas leguas en alta mar, le cerró el camino una gran fragata inglesa que parecía colocada allí expresamente para esperarlo.

Y esta era precisamente la verdad, porque el almirantazgo inglés, sobresaltado por la audacia de aquel corsario, que le habían señalado diciendo que hacía sus correrías hasta las mismas costas de Inglaterra, burlando los numerosos cruceros y escapando a todas las persecuciones, había dado las órdenes más severas para que se le apresara a toda costa. Sabíase que estaba de arribada en un puerto del fondo del golfo. Bayonne y Pasajes estaban especialmente vigilados.

Aunque muy contrariado Jorlis por aquel encuentro, como no cabía más que un partido con un adversario de aquella talla, viró de borde cubriéndose de lona para intentar volver a su punto de salida.

La fragata intensificaba la caza; pero el corsario, que estaba recién carenado, y que tenía todo su atavío completo y nuevo, se escurría sobre el agua con una rapidez sin igual.

121

Los dos buques corrieron a la carrera, desplegando cuantos recursos la ciencia náutica podía añadir a sus cualidades; pero pronto fue evidente para todos los ojos que el corsario ganaba la partida, puesto que sensiblemente aumentaba la distancia que le separaba de la fragata.

El comandante inglés no se desanimó, sin embargo, a pesar de esta palpable prueba de su inferioridad: se mantuvo firme, devorando su despecho, y solamente cuando vio al ligero corsario desaparecer en la masa de granito que forma la entrada de Pasajes, fue cuando se decidió a *hacer andar* y tomar la bordada en vuelta de fuera.

Este contratiempo al principiar la campaña, aunque muy natural en aquella época, empañó la mente de los marinos del corsario.

Una noche que estaban reunidos sobre cubierta, vino a recaer la conversación sobre este particular, y preguntábanse cual sería el término de su estancia en Pasajes, pues desde que había fallado la salida, los vigías colocados en la cima de las alturas señalaban siempre cruceros ingleses a la vista.

Un marinero joven llamado Baptiste, dirigiéndose al viejo lobo de mar cuya prolija arenga pronunciada en pleno consejo hemos referido en otro lugar:

—Vamos, padre Bernard –le dijo–, a vos toca desenredar esta madeja, pues nosotros lo vemos todo negro.

—¿De qué se trata, niño? –repuso el viejo marino.

—¿Estáis acaso tan ocupado en contemplar el humo que sale de vuestra pipa, que no habéis oído el asunto que se discute hace más de una hora? Entonces, voy a repetíroslo en dos palabras: sabréis, pues, que lo que nos trae inquietos, y con razón, es el saber cómo vamos a componernos para salir de este agujero, si los ingleses se obstinan en taparnos la salida.

El viejo Bernard por toda respuesta dejó escapar una risa burlona que circuló entre sus dientes y que acompañó con un movimiento de hombros sin dignarse sacar la pipa de la boca.

Un numeroso grupo de marinos habíase reunido alrededor de los dos interlocutores, y el joven Baptiste, picado en el juego, continuó con tono animado:

—Sabréis, viejo, que yo no soy el único a bordo que se hace a sí mismo esta pregunta, que, no obstante, no juzgáis digna de respuesta, y ved aquí nuestro razonamiento, que nos parece sin réplica: esos truhanes de ingleses, ¡que el cielo confunda!, saben que estamos aquí, claro está, ya que sin ir más lejos, el día de nuestra salida, una hermosa y grande dama de esta nación salió al encuentro del *Invincible* para proponerle hacer con ella un paseo pintoresco a Inglaterra; a lo cual este se negó e hizo bien, y esta es la opinión de todos, desde el capitán hasta el último pago.

—Hasta aquí todo bien; pero, si nuestro corsario ha caído en gracia a aquellas *ladys* y estas se empeñan en esperarlo, como tiene toda la traza, en este caso, ¿cómo salimos de aquí? Aquí estamos, clavados y pegados, como lo estáis también vos para contestarme, a pesar de toda vuestra experiencia.

Una picaresca sonrisa animaba la fisonomía del viejo marinero durante el desenfrenado discurso de su camarada, y contentose con responderle:

—Escucha, Baptiste, hablemos poco y hablemos bien, pues no quiero dejar apagar mi pipa charlando sobre fruslerías como si fuese una vieja.

—Bueno, padre Bernard, nos conformaremos.

—¿En qué mes estamos?

—¡Toma, vaya una pregunta! ¡Qué diantre!, en el mes de marzo.

—¿Ha pasado el equinoccio?

—¿El equinoccio? Todavía ni por visto ni por conocido hasta la hora presente.

—¡Pues bien! –añadió Bernard, enderezándose con aire de superioridad, y señalando al cielo–; ¿vosotros no veis nada allí?, pues yo os digo que el huracán de viento equinoccial llegará antes de veinticuatro horas; y, entonces..., ¿me comprendéis ahora?

—¡Voto va! ¡No, padre Bernard!

—Esto no habla en tu favor, mi pobre Baptiste; es, sin embargo, muy sencillo y hasta un niño lo alcanza... Vamos a ver si encontramos alguno que pueda servirnos de adivino, como he oído decir al cura de nuestro pueblo que los había en otro tiempo –y, agarrando por la nuca a un joven aprendiz de marinero, pillo y despejado, que estaba detrás del grupo, hecho todo oídos, lo levantó con la misma facilidad que si hubiera sido una boya de corcho y dejándolo caer en medio del círculo:

—Vamos, *merlín* –le dijo–, has oído la conversación; dicen que eres travieso como un mono, por lo tanto, debes saber la relación que hay entre el equinoccio y la salida del *Invincible*.

El diablillo se rascó un rato la oreja, recorriendo con la vista el grupo de marineros para ver si hallaba alguna cara hostil, sin encontrar más que miradas benévolas.

—No es muy difícil lo que pedís, ay, padre Bernard –le dijo–; y mirad, como yo he estudiado en los libros una pizca antes de embarcarme, voy a destilároslo en el idioma de los dioses, como decía con sus gafas mi maestro de escuela de Bayonne, de la calle de Port-Neuf. Allá va, pues:

> Cuando el equinoccio sopla
> Entonces el inglés se aleja;
> Nuestro corsario en aquel punto
> Sacando provecho de este asunto,
> Cuando el huracán a cola llegue
> Enseguida zarpar debe.

Una risotada general acogió esta salida burlesca.

—¡Bravo!, ¡niño! –exclamaron los marinos, mientras que el viejo Bernard se enderezaba orgulloso con del éxito de la pequeña escena y posaba su mano dura y huesosa en los rizados cabellos del mozo, a quien amaba instintivamente, y cuyo protector habíase declarado. Por su parte, agradecido el niño, pagábale en la misma moneda, y le hacía todos aquellos menudos servicios que estaban en su mano.

En aquel momento llamó la atención de los marineros un ruido de remos que se dejaba oír a una corta distancia de a bordo.

El centinela gritó; una ligera embarcación, que seis remeros hacían volar en el agua, pero cuya dirección era imposible distinguir, debido a la oscuridad que ya empezaba a formarse:

—¡Oh de la barca!, ¡oh!

—¡Hola!

—¡¿Quién vive?!

—¡Comandante!

Era Jorlis, que volvía de la capitanía del puerto con dos de sus oficiales: Dilharréguy y Chevalier Goguet. El esquife atracó a la escala, y la tripulación oyó que el capitán decía al oficial de guardia Ducasse, al poner el pie sobre la cubierta:

—Tendremos un ventarrón antes de veinticuatro horas; teneos listos para calar los masteleros altos en caso de que sople demasiado duro; entre aquellas montañas hay torbellinos que no me gustan nada.

Pocos instantes después, todo era silencio a bordo del corsario. No se oía más que el paso lento y mesurado de los centinelas que se paseaban en el estrecho pasadizo señalado a proa y a popa. En el pico de la cangreja brillaba un fanal que indicaba la posición del crucero. Hacia media noche, el tiempo, que se había nublado al oscurecer, tomó un tinte más siniestro. El viento soplaba por ráfagas, que se sucedían a intervalos desiguales, entremezclados con fuertes chubascos.

Al rayar el día, el temporal se desencadenó con furia; la mar no era más que un manto de espuma. El *Invincible* rodaba, balanceaba sobre sus anclas. La tripulación y el capitán, despertados por el huracán que rugía sobre sus cabezas, subieron sobre cubierta. El rostro de Jorlis reflejaba la alegría que interiormente sentía:

—Vamos, amigos míos –dijo, restregándose las manos–, esto marcha! El tiempo se declara a nuestro favor. Idos a tierra, pero andemos con juicio. Dentro de poco el *Invincible* se revolverá entre mares, y tendrá necesidad de vosotros.

Sabido es que la duración de los ventarrones de equinoccio es por estas alturas de unos tres días; sábese también que es talla violencia con que soplan, que no hay buque, por sólido que sea y bien tripulado que esté, que pueda resistirles.

Los cruceros ingleses destacados en nuestras costas estaban particularmente bien informados de ello, y no esperaban a que el ventarrón reventase para tomar en vuelta de afuera y desaparecer. A las primeras señales precursoras del huracán, ciñeron en vuelta del norte forzando la lona para internarse en alta mar.

Jorlis, por su parte, seguro de tener el paso libre, no podía no obstante esperar el fin de la tormenta para hacerse a la mar, pues estaba seguro de que la fragata inglesa volvería en cuanto hubiese pasado el temporal.

Cerca de tres días hacía que el mal tiempo duraba, y aunque nada anunciaba que fuera a cambiar pronto, Jorlis dio las órdenes necesarias para darse a la vela. El viento soplaba con furia, la mar estaba gruesa; pero la tripulación, que tenía en su capitán una confianza ilimitada, le obedeció sin vacilar. El corsario fue remolcado hasta la boca del puerto, que estaba cuajado de curiosos que querían asistir a la lucha del valiente buque contra los elementos desencadenados.

Había largado la menos lona posible; un foque, las gavias y la cangreja, era cuanto la prudencia permitía presentar a la furia del viento.

Abrigado, al principio, por las alturas que dominaban el mar, el corsario avanzaba, rodeando, balanceando, revolviéndose entre olas, metiendo el tajamar hasta el fondo; pero cuando llegó al descubierto, y recibió el viento de lleno, se le vio inclinarse, acostarse casi al empuje de un chubasco, con las vergas de las mayores que rasaban a sotavento la cima de las olas.

Hubo un momento de ansiedad a bordo, pero se desvaneció pronto a la voz bien conocida del capitán, que sin haber perdido nada de su calma, lanzó las siguientes palabras al través de la tempestad:

—¡Andar, timonel! ¡Andar!, ¡y cuidado al timón! No son juegos de niños estos chubascos de equinoccio.

Viose en el mismo instante al gracioso buque levantarse obediente, saltar, lanzarse con la rapidez de una fle-

126

cha al través de las olas que dividía sin esfuerzo y como un juego.

Después de este primer choque, la tripulación, volviendo a su indiferencia, segura del buque, cuyas buenas cualidades conocía, y del capitán que sabía ser, según una expresión vulgar, más marino que la filástica, ya no se acordó más del peligro. Distribuidos en las maniobras, y en los diversos sitios del buque, los marineros formaron tertulias más o menos animadas, cuyo tema común eran los goces del puerto que corrían a realizar ciegamente.

El temporal duró otras treintiseis horas desde de la salida del *Invincible* de Pasajes. Era una suerte, pues no encontraron ni rastro de los cruceros ingleses durante cinco días de navegación a lo largo de las costas de España. Hubiérase dicho que el huracán los había tragado a todos. Pero al sexto día, y cuando la tripulación empezaba a murmurar contra lo solitario de aquella navegación, el vigía hizo oír el grito de:

—¡Vela a sotavento!

A esta llamada tan impacientemente esperada, todo el mundo subió sobre cubierta; el buque anunciado no parecía aún más que un punto en lontananza. Dos oficiales, Rodes, de Bayonne, y Duporqué, de Salies, subieron a las vergas del juanete, provistos de excelentes anteojos.

Después de un momento de examen, Jorlis, que había quedado sobre su banco de guardia fumando un excelente cigarro, levantó la cabeza.

—Pues, ¿qué distinguís? –les dijo.

—Capitán, nos parece un barco de gran tamaño; probablemente será algún comerciante de balas.

—¡Vamos! Hay que asegurarse de eso; al *Invincible* no le gusta la incertidumbre. ¡Timonel, arriba!, cuidado con gobernar derecho sobre el buque que está a la vista.

Como los dos buques iban en dirección opuesta, por momentos disminuía la distancia que les separaba. Sin embargo, una ligera neblina que velaba el horizonte y que parecía hacer compañía al extranjero, impidió que los marinos del corsario pudiesen apreciar por algún tiempo su importancia y su fuerza, y solo cuando estuvieron bastante próximos fue cuando se vio salir entre la neblina que como un manto le envolvía, una hermosa fragata inglesa, cuyas velas felizmente solo agitaba un resto de brisa.

Jamás el mando de *aparejar a virar* fue con más prontitud ejecutado a bordo del corsario: oficiales y marineros, sin distinción, saltaron vivamente a las maniobras para largar lona y escapar al terrible enemigo, que, por su parte, tomaba iguales disposiciones para asegurar la caza y apoderarse del *Invincible*, al que había ya reconocido.

Pero el viento, que era ya flojo, cesó de soplar en absoluto en aquel momento decisivo. El *Invincible* y la fragata, sorprendidos por una calma chicha, quedaron inmóviles, con las velas pegadas contra los palos, en medio de una mar llana, en cuya superficie no había la menor agitación.

La gran fortuna para el corsario era que se encontraba fuera del alcance de las balas de la fragata.

Esta posición un tanto caprichosa no podía durar mucho tiempo: no estaba en consonancia ni con la fogosa impaciencia de nuestros corsarios, ni con el rencor de los ingleses, a quienes se vio pronto tomar disposiciones para acercarse a su enemigo.

Al cabo de algunos instantes, la fragata había echado todas sus embarcaciones a la mar y se hacía remolcar por ellas, con el objeto de colocarse a tiro de cañón del *Invincible*.

—¡Toma! –dijo Jorlis al ver esta maniobra–. Si creerán esas buenas gentes, tal vez, que vamos a quedarnos aquí a esperarlos. ¡Ea, muchachos! Vamos nosotros también al remolque con las *plumas* de veinticinco pies; tres hombres a cada remo y bogar de firme.

Entonces empezó una lucha extraordinaria entre los dos buques, lucha de tortugas, sin la menor ligereza, pero agotadora y capaz de reventar a la tripulación más vigorosa y favorablemente dispuesta. La noche vino a poner término a esta caza, que dejó a ambos adversarios a la misma distancia; a pesar de todos sus esfuerzos, la fragata no había conseguido ganar ni un palmo.

Jorlis, conocedor de todas las astucias del oficio, esperaba ser atacado de noche por las embarcaciones inglesas cargadas de gente. Hizo armar alrededor del buque los enjaretados de abordaje; los cañones fueron cargados con metralla hasta la boca, y toda la tripulación armada hasta los dientes, esperaba sobre cubierta, pronta a una desesperada defensa. Nada sucedió.

Hacia la media noche, se entabló de firme la brisa; no hay que decir la alegría de nuestros corsarios. La oscuridad era profunda; la fragata no podía ver la derrota que iban a seguir. El corsario se alejó sin perder un minuto de tan peligrosa compañera, y cuando vino el día, tuvieron la satisfacción de no verla ya en la inmensidad del horizonte.

El *Invincible Napoléon*, después de este encuentro, que hubiera podido serle fatal, estableció su crucero entre las Azores y la Península. Apresó varios buques ingleses ricamente cargados que encaminó a Francia. Luego, casi satisfecha ya la ambición o la sed de lucro de la valiente tripulación, pensó en volver a su puerto de matrícula.

Costeando Portugal, y a la altura de Oporto, Jorlis supo por un pescador que hallaron a su paso, que a la entrada de aquel puerto había una fragata portuguesa y un bergantín inglés cuyos cargamentos, según se decía, eran riquísimos.

Al oír esta noticia, Jorlis reflexionó un instante; después, iluminada súbitamente su fisonomía extraordinariamente audaz, arengó a su oficiales y marineros, que en aquel momento se hallaban todos reunidos sobre cubierta:

—¡Amigos míos! –les dijo, extendiendo la mano hacia Oporto–; ya habéis oído la relación de este pescador. Tenemos ahí, a algunas brazas de nosotros, un rico botín; ¿pasaremos sin decir una palabra? El bergantín inglés no es obstáculo para nosotros. Pero la fragata portuguesa, ¿la teméis?

—¡No! ¡No! –fue el grito que se escapó de todas las bocas–; ¿qué es una fragata portuguesa? ¡Al abordaje!, ¡al abordaje!, ¡para nosotros el botín!

—¡Bien está!, me alegro. Ya sabía yo que el peligro no era cosa de tenerse en cuenta con hombres de vuestro temple, y que no sería un obstáculo para la más brillante empresa que puede ofrecérsenos. Y ahora, a seguir mis órdenes sin titubear, y tened, como siempre, confianza en vuestro capitán.

—¡Teniente!, haced poner la proa a tierra e izar el pabellón inglés.

Y, dirigiéndose al patrón de la barca portuguesa que nada comprendía de la maniobra, y que empezaba a temblar por las consecuencias de su revelación:

—En cuanto a ti, pescador, amigo mío –le dijo Jorlis–, te vas a quedar por algunas horas con nosotros: tu lancha nos es indispensable. Se te pagará bien, ¡no te preocupes!

Después de haber dado las órdenes, el capitán interrogó con la mirada a su tripulación para ver si flaqueaba ante la idea del peligro que iba a correr. Pero hubo de quedar satisfecho del examen. Su indomable energía parecía haberse comunicado a todos, a oficiales y marineros. Creyó no obstante que su deber, en un momento tan grave y decisivo, era dirigirles una corta pero enérgica alocución:

—Oíd, hijos míos –les dijo–; como sé a quién hablo, no voy a ocultaros nada. Nos jugamos la vida a un golpe de dados; más que nunca necesitamos aquí el corazón y la mano firmes. Que aquel de entre vosotros que se sienta flaquear, que aquel cuya alma entera no haya pasado a su sable de abordaje o a su puñal, que aquel, digo, se arroje a la mar, ¡porque nos perdería…! Es preciso que cada uno de nosotros valga por diez hombres; ¡yo os prometo valer por cien! Mientras yo voy a atacar a la fragata, un grupo de vosotros disfrazados de pescadores iréis a bordo del bergantín inglés, que no sospecha nada; saltaréis sobre su cubierta y, si hay resistencia, ya sabéis lo que hay que hacer. Pero nada de tiroteo, sobre todo, a fin de no llamar la atención de la fragata. Todo ello debe hacerse pronto y sin ruido; si hay gente abajo, elevad las escotillas, y cuando seáis dueños a bordo, cortad las amarras y dad a la vela cuanto antes. Respecto a la fragata, yo me encargo de ella; no es más que un *portugués*; no tardará en seguirnos. Una vez acoderados, es asunto de veinte minutos, ¡y Bayonne nos verá volver ricos de botín y de gloria…!

—¡Hurra! –gritaron los marinos del corsario, nobles y bellas figuras a quienes animaba un ardor heroico.

—¡Y ahora, silencio!, y cada cual a su puesto –repuso Jorlis–. ¡Dilharréguy!

—¡Aquí estoy, capitán!

—Tomad con vos a Goguet, a Despujols y a quince marineros de vuestra elección; haced subir a los hombres de la lancha de pesca, cambiad de trajes con ellos y tomad sus puestos. ¡Ocultad vuestras armas, sobre todo! Ya sabéis mis intenciones respecto al bergantín, teneos prontos a largar las amarras a la primera señal. ¡Vamos, vivo! El *Invincible* parece que está tan impaciente como nosotros; devora el espacio que nos separa de nuestros adversarios.

El bergantín y la fragata, fondeados a cierta distancia uno de otro, fuera del puerto, viendo que se acercaba un buque de débil apariencia, bajo pabellón inglés, teniendo al costado una lancha del país, cuyo patrón debía servirle de práctico, no tomaron, naturalmente, ninguna disposición para defenderse.

¿Quién hubiese podido nunca imaginarse, en efecto, que un corsario francés sería bastante loco para pensar en venir a robar una fragata y un bergantín colocados bajo las baterías de la costa? Nadie, ciertamente. Y, no obstante, el hecho no solamente es histórico, sino que algunos actores, aunque raros, de aquel drama heroico, viven todavía, entre otros el oficial Dilharréguy, de Urrugne.

Cuando el *Invincible* estuvo a una milla de distancia de los enemigos, acortó la vela como para prepararse a fondear.

—Y ahora, larga amarra –dijo Jorlis a Dilharréguy–. Vais a ir al costado del bergantín y seguir mis instrucciones, mientras yo voy a hacer un saludo de cortesía a aquella hermosa portuguesa que no sospecha la naturaleza de mi visita. En cuanto a vosotros, ¡cogédmelo rápido! ¡Nada de vacilaciones!, ¡un momento de retraso puede perdernos a todos!

—¡Tranquilo, capitán! –dijo el valiente oficial, saltando a la embarcación; yo os respondo de este bergantín. ¡Y mirad!, el drama va a tener espectadores; ved toda aquella gente que se reúne en las alturas, en tierra, para vernos llegar; esas buenas gentes no saben la función que vamos a darles.

En el momento en que se largaba la amarra que retenía la lancha, Jorlis se tendió en la cubierta y alargó la mano al valeroso teniente que se la apretó con fuerza. Aquellos dos hombres se habían comprendido…

¿Quién podría decir lo que pasaba entonces en los corazones de aquellos valientes marchando a una empresa tan peligrosa? Al oírles hablar alegremente entre sí, en voz baja, nadie hubiera sospechado el objeto de su expedición.

Los quince marineros disfrazados de pescadores, dando con fuerza a los remos, hacían volar la lancha; Dilharréguy, que mandaba el ataque, comprendiendo la responsabilidad que sobre él pesaba, les dio a media voz sus postreras instrucciones.

—¡Muchachos!, ¡pensadlo bien!, ¡esto no es broma! La menor imprudencia puede hacer que nos degüellen, a nosotros y a nuestros compañeros. No perdáis de vista un momento que, hasta que hayamos puesto los pies en la cubierta del inglés, no somos más que infelices pescadores que vamos a bordo a venderles nuestro pescado; y, como se sobreentiende que hemos visto veinte veces este bergantín que nos vigila en este momento sin duda, no hay necesidad de volver la cabeza a cada momento, como lo está haciendo ese torpe de Jauréguy que mejor estaría en su casa en Saint-Esprit que en el sitio que ocupa, pues la cabeza anda como una cataviento y no sirve más que para descubrirnos.

—¡Basta, teniente! –respondió Jauréguy–. No me moveré más que una boya en calma chicha; pero os aseguro que mi brazo no será tan *torpe* dentro de poco si hay que descoser; ya sabéis que los hijos de nuestra tierra son de los que sacuden en firme.

—¡Silencio!, nos van a hablar.

Una parte de la tripulación del bergantín se encontraba en tierra; algunos hombres estaban ocupados en baldear la cubierta. Los cañones descansaban inofensivos en las portas; los ingleses no tenían a mano más armas que las escobas, los cepillos, los lampazos y las esponjas.

Aunque se hallaban sumidos en la seguridad más completa, un centinela, ateniéndose a la ordenanza, creyó su deber no dejarles atracar.

—¡Oh de la lancha! ¡Oh…! ¿Quién vive?

—Pescadores –respondió en idioma del país la ruda voz de un hijo del Océano.

Un instante después, con el último golpe de remo, salvaba la distancia que todavía le separaba del bergantín, contra el cual fue a atracar.

Cada cual sabía su papel: los dieciocho valientes saltaron sobre la cubierta, sable y puñal en mano; tienen que habérselas con un escaso número de enemigos, sorprendidos, desarmados, que piden misericordia; la resistencia es inútil. Les acorralan en el entrepuente, a donde van a comunicar el espanto a sus camaradas, tan sorprendidos como ellos, que se figuran que una legión de diablos, caídos de las nubes, han tomado posesión del buque.

Nuestros bravos no pierden tiempo; clavan las escotillas para no ser molestados en la maniobra, y el bergantín ha sido tomado, sin haber derramado una gota de sangre, sin que se haya dejado oír un tiro; la astucia unida a la intrepidez y a la mayor sangre fría lo han hecho todo.

—¡Victoria! –exclama Despujols, en el colmo de su alegría–. ¡Victoria! ¡Cortemos las amarras y a la vela!

—¡Deteneos! –grita Dilharréguy–, ¡nada de imprudencias! Veamos lo que hace el *Invincible*.

En aquel mismo instante, una descarga de metralla, salida de la batería del corsario, se hizo oír. Era Jorlis que, habiéndose aproximado a la fragata portuguesa lo más posible sin despertar su desconfianza, le asestó toda su andanada.

La pobre fragata, al recibir una granizada de hierro con una mar en calma y a tan pequeña distancia, quedó horriblemente maltratada. La cubierta quedó barrida, y antes de que, en medio de su sorpresa, los oficiales pensasen en organizar la defensa, Jorlis, mandando el abordaje, saltaba sobre la cubierta enemiga con la mayor parte de sus hombres, verdaderos demonios encarnados que, con el sable y la pistola al puño, se desparramaron como un torrente, derribando todo cuanto se hallaba a su paso.

Toda resistencia fue imposible por la rapidez con que se ejecutó el atrevido golpe de mano. Así es que, pocos minutos después del ataque, se vio bajar la bandera portuguesa a lo largo de la driza y arriarse ante nuestros audaces corsarios... La fragata quedaba capturada, y la tripulación presa en el fondo de la bodega. Con algunos hachazos cortaron los cables. Los gavieros del *Invincible* y los hombres más listos saltaron a los flechastes y largaron las velas. Dilharréguy, por su parte, que no perdía de vista a sus camaradas, imitaba toda la maniobra a bordo del bergantín; y el *Invincible Napoléon*, después de su doble victoria, puso orgullosamente proa al mar, a la cabeza de la pequeña división que acababa de apresar con tan increíble audacia.

Al principio, a duras penas comprendían en tierra lo que pasaba en la rada, tan lejos estaban de pensar que un buque de la fuerza del *Invincible* pudiese acometer una empresa tan temeraria. Pero, cuando vieron a Jorlis, según su costumbre en las victorias, enarbolar la bandera tricolor en el pico del Invincible y cuando todos se convencieron de que un corsario francés se llevaba el bergantín y la fragata, ¡oh!, entonces, a la sorpresa sucedió la indignación, los gritos, el tumulto, las imprecaciones de todo género. Acudieron a las baterías de la costa, pero esto exigió tiempo, y los buques no se distrajeron esperándolos.

Dispararon cañonazos contra la escuadrilla que se alejaba rápidamente, pero ni una bala la alcanzó. Así fue como Jorlis, entusiasmado con el éxito que acababa de obtener, quiso reírse un poco a expensas de los artilleros guardacostas.

—¡Muchacho! –exclamó, tráeme una escopeta de caza.

—¡Aquí está, capitán!

—¡Está bien! Quiero ser cumplido; hay que devolver a esos señores su saludo, tiro por tiro.

Y cada vez que se hacía oír una detonación, y que caía una bala a la mar a algunas brazas del corsario, el capitán, sentado sobre el coronamiento de popa, riéndose con sus oficiales a carcajada tendida, echándose al coleto sendos tragos de vino de Oporto de la despensa de la fragata, respondía con un tiro de la escopeta, cuya débil explosión se perdía en los aires.

Las baterías de tierra cesaron el fuego al ver la inutilidad de sus esfuerzos. Empujados por una brisa fresca, alejáronse los tres buques rápidamente y, pocos instantes bastaron para ponerlos fuera del alcance de las balas enemigas.

Cuando se hubieron internado algunas millas en la mar, Jorlis mandó poner en facha. Estaba impaciente por saber la importancia de su presa. Pero cuando quiso visitar el bergantín inglés, que le habían dicho contenía un rico cargamento, ¡oh chasco!, ¡oh sorpresa!, el corsario había sido despojado… barriles de harina, cajas de uniformes militares en parte usados, un surtido completo de quincallería de munición, ¡ese era el rico botín por cuya posesión habían aquellos valientes expuesto sus vidas! Estaban todos bajo la impresión del desengaño y de la cólera. Así es que no hubo más que un grito, cuando hubo que tomar una decisión. Condenose al bergantín a ser quemado, y la ejecución de la sentencia no se hizo esperar.

Después de sacar la pólvora que contenía, esparcieron algunos barriles de alquitrán sobre cubierta, echaron paquetes de estopa inflamada en varios puntos, y un humo espeso se elevó al instante, anunciando que el pobre barco iba a ser devorado por las llamas.

Respecto a la fragata, como podía utilizarse para el crucero, Jorlis dio el mando de ella al oficial Ducasse, con orden de meterse en el puerto de España más próximo.

Pero antes de emprender la marcha, quedaba todavía la última dificultad por resolver. Durante el tiempo de su crucero, el *Invincible* había apresado nueves buques mercantes, que había encaminado a Francia, embarcando en cada uno de ellos cierto número de marinos, con lo cual la tripulación del corsario hallábase sensiblemente reducida. Pero parte de los prisioneros que acababan de hacer, aunque desarmados y depositados en el fondo de la bodega, eran numerosos, y podían volverse peligrosos dado el caso de un encuentro con enemigos con quienes fuese necesario venir a las manos.

Aconsejaba la prudencia tomar una decisión con respecto a ellos.

Jorlis despachó en parlamento a Oporto la lancha del pescador, que aún no había despedido, para proponer un canje de prisioneros. Su oferta fue aceptada de mil amores, y vinieron embarcaciones del país a desembarazar al corsario de los temibles huéspedes de que estaba atestado. Gracias a esta medida, un centenar de franceses vieron romperse sus cadenas, púsose término a los sufrimientos, a las privaciones de toda especie que venían padeciendo en las cárceles portuguesas. Fueron embarcados en la fragata, que los desembarcó felizmente en un puerto de España. Y entre ellos, se encontraba nuestro compatriota Villeneuve, que acaba de morir recientemente.

Pasose el día en el cumplimiento de estas operaciones. Llegó la noche, y el corsario hizo proa a Francia, a la luz de los últimos resplandores del buque incendiado.

Era floja la brisa, la mar bella; la tripulación, que se hallaba, fue a descansar a las hamacas. Solamente algunos hombres montaban la guardia, vigilando la maniobra. Avanzaron poco durante la noche.

Al rayar el siguiente día, una neblina espesa cubría el mar. Pero cuando el sol saliente empezó a atravesar con sus rayos la capa de bruma, los vigías distinguieron una vela en las aguas del corsario, y el grito de "Buque, buque a barlovento" oyose resonar lanzando como un toque de agonía en los oídos del corsario.

Jorlis se presentó entre los primeros sobre cubierta, y, después de un momento de observación por entre la neblina, cerró bruscamente su anteojo profiriendo un juramento enérgico:

—¡Rayo de tiempo! –exclamó–. ¡Qué tonto es dejarse acercarse así!

Y con su estentórea voz, fue dando, con estridente balbuceo, las voces de mando siguientes:

—¡Todo dios arriba!, ¡vamos, muchachos, volando! ¡No tenemos un minuto que perder…! ¡Aquí sí que vamos a tener que rascar…! ¡Zafarrancho de combate…! ¡Rodes, atended a que se largue todo el velamen! ¡Haced armar a todos los volantes altos y bajos!

No podemos evitar el combate; pero no desperdiciemos ninguno de los azares que puedan sernos favorables.

Estas diversas órdenes fueron cumplidas con la presteza y el ardor que infunde la presencia del peligro, y la tripulación se encontró con un instante de descanso para poder examinar la clase de enemigo con quien iba a tener que batirse.

Pronto cesaron las dudas: al evaporarse la neblina bajo la tibia influencia de los rayos de sol, pudo verse una magnífica corbeta inglesa de 24 cañones, montada por ciento cincuenta hombres de tripulación y una compañía de soldados. Se encontraba en Oporto cuando la brillante expedición del *Invincible* y, en cuanto pudo reembarcar su tripulación y tomar algunas otras disposiciones, se dio a la vela para lanzarse en persecución del audaz corsario.

Frente a un adversario tan superior, no solamente no se le ocurrió a Jorlis la idea de rendirse, sino que solo un pesar tenía aquel valiente, el de no poder intentar el abordaje por falta de gente.

—¡Ah!, ¡pícara corbeta! –exclamó–. Si nos hubiésemos encontrado cuando tenía mi tripulación completa… No es el caso, hagamos nuestro deber; y si hemos de servir de pasto a esos tragones de *roastbeef*, procuremos que la tajada sea lo más dura posible. ¡Teniente! Que preparen los cañones de retirada, nos serviremos de ellos hasta el último extremo.

La corbeta inglesa era de las más veloces; en este sentido podía rivalizar con el corsario. Cuando el *Invincible* quiso evitar la caza cubriéndose de lona, no estaba más que a medio tiro de cañón, y se lanzó en su persecución, creyendo vencerlo fácilmente gracias a su rapidez, y apoderarse de él sin disparar un tiro. Pocos instantes bastaron a su comandante para convencerse de que el corsario tenía pies cuando menos tan ligeros como la corbeta.

Defraudada sus esperanzas, decidiose a hacer uso de sus cañones de caza, para intentar retener la marcha del *Invincible*, causándole averías en el aparejo. Los dos cañones de retirada del corsario tronaron al momento en respuesta al ataque, lanzando un audaz desafío a muerte a sus enemigos. La caza duró varias horas, animada por incidentes diversos.

Sin embargo, como lo había previsto el capitán inglés, el *Invincible* había sufrido averías en su arboladura. Las velas agujereadas, cabos colgando en desorden, probaban que los artilleros ingleses tenían buena puntería; por último, como la caída del mastelero de gavia acortaba la marcha del corsario, la corbeta vino a atravesarse a su lado, creyendo que esta demostración y la vista de sus hileras de dientes formidables bastarían para decidir la rendición de los franceses. Pero no conocía el temple enérgico del hombre que los mandaba. El peligro era inminente, terrible, las probabilidades de victoria nulas; y Jorlis, en lugar de entregarse prisionero, dio la voz de fuego, con la misma sangre fría, con la misma intrepidez que si su adversario le hubiese sido igual o inferior en su fuerza.

Animando con la voz y con el gesto a su tripulación incompleta:

—¡Ea, hijos! –les dijo–. Acordaos de que estamos ante ingleses; probémosles una vez más que no decaemos. Que seguimos siendo los bravos del *Invincible*. ¡Artilleros!, ¡apuntar en pleno casco!, ¡a la línea de agua! Basta con una bala bien dirigida para echar a pique a ese tiburón…

Entonces, hubo un fuego terrible entre ambas partes. Las andanadas se sucedían sin interrupción mezcladas con un nutrido fuego de mosquete que daba a la corbeta una superioridad indisputable. Los corsarios se portaron como héroes en aquel combate desesperado en el que la derrota era casi segura. No pensaron en otra cosa que en hacer pagar cara su victoria a los ingleses. Los heridos, los muertos, eran inmediatamente reemplazados en los puestos más peligrosos por hombres de nervios de acero, de valor indomable, supliendo a su corto número la destreza y una actividad maravillosas.

Pero, ¿qué podía el valor contra fuerzas tan desproporcionadas? Acribillado de balas, despedazado por la metralla, el *Invincible* fue desarbolado de su palo de mesana por una andanada más próxima... ¡Ya no había maniobra posible!, y la corbeta despiadada, viniendo a colocarse por su popa, le barrió la cubierta con una última andanada cuyo efecto fue desastroso. No se veían más que piezas desmontadas, artilleros y marinos muertos o heridos; la sangre chorreaba por los imbornales, enrojeciendo la mar al derredor del buque... Y Jorlis no hablaba de rendirse, y, su voz, dominando el estruendo del combate, daba las últimas órdenes al reducido número de hombres que quedaba a fin de continuar resistiendo mientras hubiese un brazo capaz de levantarse, mientras un soplo animase los pechos, cuando una descarga del enemigo cortó la driza de bandera. El comandante inglés, creyendo que la habían arriado voluntariamente, y que el corsario se rendía, se acoderó a él y echó a su cubierta una parte de su tripulación reforzada por la compañía de soldados... No hubo más: el drama había concluido. A partir de aquel momento, el *Invincible Napoléon* ya no perteneció a Francia.

Los restos de la tripulación francesa pasaron a la corbeta inglesa, donde fueron tratados con los mayores miramientos. Los cirujanos asistieron a los heridos, sin distinción de nacionalidad.

Jorlis fue el último que salió del corsario. Cuando subió a bordo de la corbeta, lo recibió el comandante con los mayores honores, al pie de la escala, a la cabeza de su estado mayor. Adelantose hacia él, y tomándole la mano, le abrazó con efusión. Y, después de haberle felicitado por el rasgo de audacia ejecutado delante de Oporto y por su heroica defensa contra fuerzas tan superiores, exigió que compartiesen su propio camarote y que no hubiese más mesa que la suya.

Sobrevino la noche, triste y dolorosa para muchos. La corbeta, por su parte, había sufrido horriblemente con la desesperada defensa del *Invincible*, y durante la primera guardia, aquellos a quienes el dolor o la inquietud tenían despiertos en su hamaca, pudieron oír el ruido de pasos lentos y acompasados sobre cubierta, mezclados con sonidos que parecían invocaciones religiosas… Luego, con breves intervalos, la caída de un cuerpo pesado a la mar… Eran los ingleses muertos en el combate a quienes echaban así por la cubierta, con misterio, por ocultar a los valientes del corsario las pérdidas que habían causado en un combate tan desigual.

La corbeta tomó a remolque al *Invincible*, y lo condujo a Oporto para ponerle arboladura nueva. Algunos días después, el corsario zarpaba para Inglaterra; pero habiendo dado con un buque de guerra americano, de nuevo fue arrebatado a los ingleses. Se ignora lo que después se hizo de él.

Jorlis y sus compañeros de infortunio fueron transportados más tarde en la corbeta a Inglaterra, a donde fueron a engrosar el número de desdichados prisioneros franceses.

CAPÍTULO X

Saint-Jean-de-Luz
Petit Paris,
Bayonne les écuries.

REFRAIN BASQUE

Una campaña del corsario el *Aventure*, mandado por el capitán J. B. Garrou

I

Era una hermosa mañana del mes de abril de 1803; el sol salía radiante, anunciando un hermoso día. Un mozo joven y bien parecido, de unos veinticinco años, que llevaba con gracia el bonito traje de marino, caminaba, con un saco en la espalda y bastón en mano por el camino que conduce de San Juan de Luz a Bayonne. Restablecido apenas de una herida recibida en defensa de su patria, el valiente joven, sacudiendo la pereza del hogar doméstico, que no se hermanaba con su naturaleza activa, corría hacia nuevos peligros.

Aunque el puerto de Bayonne, se hallaba a la sazón huérfano de corsarios en que poder embarcarse, el joven marino no vaciló. El largo trayecto de Bayonne a Burdeos por entre arenales sin fin no podía asustar a un vascongado de ágiles y musculosas piernas. Su imaginación no se detuvo un instante ante la idea del posible cansancio, y volviendo resueltamente a empezar su marcha ligera, y con el corazón contento, llegó seis días después a las márgenes del Gironda.

Un desengaño, aunque ligero en verdad, aguardaba aún a nuestro marino en Burdeos. No había corsarios pronto a partir. Los había en el puerto, pero los estaban carenando, reparando las gloriosas heridas recibidas en

141

encuentros recientes contra los ingleses, y nuestro joven se hallaba impaciente: pesábale la estancia en tierra, hubiese querido hallar sin tardanza donde embarcarse. Aconsejole alguno que bajase la ría, donde tendría tal vez la suerte de encontrar a algunos de los corsarios que aún hacía pocos días habían bajado allí. Siguió aquel consejo oficioso, y le salió bien, pues habiendo ido a Panillac con el barco de pasajeros, alegráronse sus ojos al ver el gran número de buques de todas dimensiones y de todas formas que se hallaban fondeados allí, esperando que abonanzase la mar y les permitiese franquear las pasas de la embocadura del Gironda. En cuanto el lanchón tocó tierra, el joven vasco fue a dejar su saco a una posada que ostentaba por la parte del puerto su letrero medio borrado por el efecto del humo, aplazando para el día siguiente el gran asunto de su embarque.

Y, en efecto, es para un marino asunto de estado el de su embarque en tiempo de guerra, especialmente, cuando puede elegir entre varios buques. Se requieren infinidad de condiciones reunidas para decidirle a favor de uno o de otro. Primero, el buque debe agradarle por sus formas y la disposición de su arboladura y aparejo; viene luego la cuestión del capitán, que debe ser, o que él quisiera fuese, marino consumado, valiente por excelencia en el peligro, y con todo eso, que no sea demasiado duro para los marineros: bonachón, si es posible. Llega, en seguida, el capítulo de la tripulación. ¿Compónese de bretones, de normandos, de provenzales o de vascongados? Es comprensible que cada cual prefiera embarcarse con compatriotas, entre los cuales, es raro que un marino no se encuentre con un amigo, o cuando menos con un conocido.

Nuestro joven marino tenía, pues, que reflexionar, como se ve, antes de sumergirse en aquella masa de buques que llenaban las márgenes del río, y no debe sorprendernos que quisiese consultar un poco antes de comprometerse irrevocablemente.

Esta es la disposición en que lo hallamos al siguiente día en el puerto, engolfado en una conversación seria con un marino del país con quien había hecho conocimiento en la posada, y que se había ofrecido para servirle de cicerone.

—Allí hay un bergantín de 12 cañones que no me desagrada –decía nuestro vascongado a su nuevo amigo–. Sus formas son graciosas, y está valientemente arbolado. Debe de andar bien; ¿qué os parece?

—Vamos a otro –respondió el cicerone–. Es un buque desgraciado; por nada del mundo llevaría mi petate a bordo de él. En él no se consiguen más que trancazos, en lugar de lotes de presas. El capitán tiene la cruz consigo; así que no se hable más del asunto.

—Y ese otro con esa hermosa figura de vestido azul en el mascarón de proa. ¡Dios!, ¡qué elegante y bien armado es!

—¡Demasiado bueno, voto al diablo! –exclamó con aire desdeñoso el marino del país; no estoy por esos barcos de guerra relucientes y emperejilados como una rapaza que va al baile. Habladme de un porte a la par severo e imponente, que representa al verdadero hombre de mar y no al petrimetre y al estirado.

—Entonces, ¡ese es el barco! –exclamó el joven vascongado extendiendo el brazo hacia el mar y señalando una magnífica corbeta fondeada a gran distancia, aislada de todos los buques de la rada. ¿Cuál es ese hermoso corsario, de casco todo negro, cuya arboladura es tan esbelta como graciosa y atrevida?

—Lo que sé –repuso el marino–, es que es diferente. Podéis embarcaros en él con los ojos cerrados y con toda confianza; es la corbeta la *Aventure*, de 16 cañones y de ciento cincuenta hombres de tripulación, mandada por el valiente capitán Garrou, de Bayonne, y armada por M. Balguerie Junior…

—¡Armada por el diablo! –interrumpió con voz fuerte un pescador viejo, que estaba ocupado en limpiar sus redes cerca de nuestros dos marinos, quienes volvieron bruscamente la cabeza.

—¿Estáis loco, padre Francois, o habéis doblado vuestro trago de la mañana para hablar así?

—No estoy ni loco ni de gaita –repuso el anciano–; pero decidme, a ver, ¿qué hace ese barco allá abajo, completamente solo, aislado, como si temiese la compañía de los demás, expuesto a los temporales, cuando podría estar tan tranquilo arrimado a la tierra. Pues, y explicadme ese modo de *bogar* que hace que sus botes salven la distancia de a bordo a tierra, dos veces antes de lo que harían buenos y honrados marineros. Y ese modo de llamar, ¿qué tal os parece? ¿Habéis visto jamás cosa parecida? Y, mirad, atended; este joven va a ver si tengo razón o no tengo razón.

Efectivamente, al mismo tiempo y como ratificando las palabras del pobre pescador, dejose oír el sonido prolongado de una cornetita. Era un oficial que daba toques de llamada al corsario fondeado fuera del alcance de la voz. A la llamada conocida, un gracioso bote, auténtico náutil manejado por cuatro vigorosos remeros, se desprendió de a bordo y dirigiose hacia el embarcadero, adonde llegó con una rapidez verdaderamente extraordinaria, mientras el pescador miraba a los dos marinos con un aire de triunfo con que parecía decirles: ¡Qué tal!, ¿qué os parece?, ¡ya lo veis!, ¿no tenía yo razón?

Pero el joven vascongado no se hallaba en estado de prestar la menor atención a sus consejos; en la corta travesía del esquife, había reconocido el modo de bogar de sus compatriotas.

La tripulación del *Aventure* se componía, efectivamente, en su mayor parte, de vascongados y bayoneses.

Inmediatamente entabló relación con los vascongados del bote, quienes le conocían y lo presentaron al teniente Halsonet, de Biarritz, que era el oficial que se encontraba en tierra y, al día siguiente, a pesar de las advertencias supersticiosas del viejo pescador, el corsario la *Aventure* bajaba la ría después de haber incluido en el rol de su tripulación a un valiente marinero más.

II

En los primeros días del mes de mayo siguiente y por 42° de latitud norte y 14' 25" de longitud del meridiano de París, es decir, a la altura de las costas de

España y de Portugal, una linda corbeta, largada al viento su bandera tricolor, balanceábase graciosamente sobre las olas, yendo, viniendo, dando en su carrera caprichosa bordadas de descubierta muy lejos en dirección de mar alta en demanda de buques mercantes. Una línea blanca interrumpida de trecho en trecho por una batería formidable, presagio de destrucción y de muerte, dibujaba su talle elegante y sus esbeltos costados. Sobre su popa, artísticamente esculpida, leíase *Aventure* y, en su cubierta y su bodega, una tripulación compuesta de marinos jóvenes, vigorosos, enérgicos, ocupábase en quehaceres diversos, trabajos o juegos, esperando la llegada de algún encuentro que alterase la vida un tanto monótona de su crucero.

Era fácil reconocer al capitán Garrou, que mandaba este brillante corsario, sobre el saltillo donde se hallaba con sus oficiales. Una estatura alta, aire marcial, un vigor corporal extraordinario, hacían de él un tipo aparte, muy a propósito para inspirar confianza a primera vista a los marinos que estaban bajo sus órdenes, o para infundir espanto en el corazón de los enemigos, que temblaban ante la idea de la suerte que su temible brazo les reservaba.

El cielo estaba de un azul purísimo. Las miradas penetraban a lo lejos en el horizonte, que reflejaba un color enteramente meridional. La corbeta se escurría graciosa y coqueta al impulso de las blancas pirámides de sus velas, la proa iba al Noroeste, cuando el capitán, dirigiéndose al oficial que tenía más próximo:

—Esta brisa es dura –le dijo–; ¿cuántos nudos andamos?

—Diez nudos, capitán. Hace un momento que se ha echado la corredera.

—Está bien. Haced poner la proa al Norte; nos metemos demasiado al Sur. Tengo una idea desde esta mañana y es que el día no ha de concluir sin que hayamos hecho alguna buena presa.

—¿Lo creéis así, capitán? Que Dios os oiga.

—Sí; es una de esas ideas fijas que rara vez engañan, ¿Qué marino está de vigía en el palo de mesana?

—Es Pierre Duhalde, el vascongado que hemos embarcado en Pauillac. Podéis contar con su vigilancia; es un bravo marino, ágil de mirada.

—En seguida sabremos si corresponde a vuestra confianza y si son exactas mis previsiones. Decidle, entretanto, que observe la parte de fuera atentamente.

Algunas horas después de esta conversación, resonaba el grito de "¡vela por sotavento!" pronunciada por el vigía colocado en la cruceta del juanete mayor. Y el capitán Garrou, mirando a sus oficiales con aire de satisfacción se restregaba las manos, diciéndoles:

—Conque, ¿qué os parece? Ya lo veis, no me han engañado mis presentimientos.

Como el día no estaba aún muy adelantado, forzose de vela para alcanzar antes de la noche al buque que estaba a la vista, al cual el corsario granjeaba con una rapidez tal que hacía presumir que no era buque de guerra el que perseguían, aunque su casco crecía cada vez más sobre el agua.

El *Aventure* tenía una marcha superior; bastaron unas horas para colocarle en las aguas de una gran corbeta inglesa que navegaba pesadamente con un rico cargamento que transportaba de la India a Inglaterra.

La resistencia no era posible, de modo que, a la primera bala que le dirigieron, en señal de advertencia, la corbeta se puso en facha, apresurándose a hacer desaparecer la bandera británica que ondeaba en su pico. Este acto de sumisión le evitó averías inútiles, y el capitán Garrou ordenó al comandante inglés que pasase a bordo con los papeles.

Ya pueden nuestros lectores hacerse una idea de la alegría de los corsarios al ver que el cargamento que acababan de apresar se componía de añil, algodón, marfil y otras materias preciosas, y que su valor pasaba de un millón. Gritos, cantos, una alegría frenética fue el resultado, todo con una expansión típicamente meridional. Pero el capitán, sin descuidar la responsabilidad que sobre él pesaba, supo ponerle término, recordando a su exaltada tripulación, cada individuo de la cual creía haberse vuelto cuando menos millonario, que la presa no tendría valor hasta que hubiese llegado con seguridad a un puerto amigo. De este modo las maniobras que mandó para poner la proa a tierra cubriendo de velas el buque apresado, fueron ejecutadas con inusitado arranque, con febril ardor. La corbeta francesa escoltaba a su presa, que llevaba lona a hacer desarbolar, con algunas velas bajas, sus gavias y sus juanetes solamente, y, menos de dos días después, favorecido por el tiempo y no habiendo tenido ningún encuentro desgraciado, dejó caer el ancla en el puerto de Santander, que le ofrecía un refugio seguro para su rica presa.

El apetito viene comiendo o lo que es lo mismo, *Comer y rascar todo es empezar.* El refrán es viejo pero es verdadero. Lo que explica cómo quince días después de la arribada a Santander, asistimos a la salida de la *Aventure,* lanzándose a través del espacio para correr a nuevas victorias. Dos semanas de orgías y locas alegrías en tierra habían hastiado a aquellas volubles naturalezas de las seductoras dulzuras que la fortuna y el lujo proporcionan. Aquellos hombres necesitaban respirar la atmósfera salitrosa, su elemento predilecto, y el grito de salida fue lanzado con alegría por aquel grupo de pechos vigorosos que las seducciones de tierra habían rozado sin alterar su robusto temple.

Algunos días después de su nueva salida, el *Aventure* se encontraba en el paso de los buques ingleses que frecuentan ambas Américas, cuando después de una densa neblina, disipada por una brisa dura, descubrió a corta distancia un hermoso bergantín que se dio a la fuga. El corsario imitó su maniobra y le persiguió vigorosamente, mientras la tripulación, apoyada en la obra muerta, formulaba de mil diferentes modos su opinión acerca de los incidentes de la carrera.

—Ese bergantín es velero –decía el gaviero mayor–, pero el que manda la maniobra no debe ser marino, si no ha notado que de nada le sirven sus velas y sus jarcias, y si no ve que le ganamos a ojos vistas. ¿Qué dice a eso, Pierre?

—Yo creo otra cosa, maestro Martin –contestó nuestro viejo conocido, el joven vascongado de Pauillac–; y si no distinguiese claramente una bandera inglesa en el pico de ese buque, juraría que es de nuestro pueblo.

—Cómo, ¿de Bayonne?

—Sí, de Bayonne o de San Juan de Luz.

—¡Vaya una ocurrencia! ¡La neblina de esta mañana te ha oscurecido la vista, muchacho! ¿Cómo diablos vas a descubrir un buque francés y conocido tuyo por añadidura en uno extranjero que huye a todo correr al vernos?

—Vos pensaréis lo que queráis, maestro Martín; pero ya sabéis que, hace poco, cuando han señalado el bergantín, estaba a corta distancia por nuestra popa. Nos presentaba el costado; lo he examinado bien y pondría la mano en el fuego, a que conozco ese barco y a que he navegado en él; aún más: a que es el *Jolie-Pauline*, uno de los buques mercantes más veleros que hayan pasado nunca la barra del Adour. ¡Vaya!, que mi instinto de marino no me engaña.

Los oyentes se miraban admirados de la seguridad con que se expresaba su joven camarada. No podían tardar en salir de dudas; el *Aventure*, impaciente, parecía volar sobre la cima de las olas y devoraba el espacio. Pocos momentos bastaron para ponerla a distancia como para mandar poner en facha al bergantín que, efectivamente, resultó ser el *Jolie-Pauline* de Bayonne, perteneciente a la casa de Basterreche. La víspera de aquel día había caído en poder de los ingleses, que sin perder un momento la llevaban a Inglaterra.

A la tripulación francesa, que iba prisionera, se le repuso en posesión del bergantín, y el capitán Garrou, después de tornar a bordo a los marinos ingleses, aconsejó al capitán que procurase alcanzar el puerto de Brest, que era el más próximo al punto en que se encontraban los dos buques. El *Jolie-Pauline* puso inmediatamente la proa a tierra, pero en medio de la noche fue a dar con una escuadra inglesa que cruzaba a la altura de Ouessant, y vigorosamente perseguido por una fragata al rayar el día, cayó de nuevo en poder de los enemigos de Francia. Era sin duda una predestinación de la cual no podía escapar.

Después de haber despachado el bergantín *Jolie-Pauline* para Brest, el capitán Garrou continuó su crucero, sin ningún incidente notable, favorecido por un hermoso tiempo que se mantuvo algunos días. Después, el viento roló al Oeste, y el horizonte tornó en un aspecto amenazador; gruesos nubarrones grises, lanzados con rapidez, oscurecieron el cielo y el viento refrescó de una manera inquietante, levantando masas de mar que empezaron a fatigar a la corbeta.

Era el preludio de un temporal de viento, y la experiencia del capitán Garrou no se equivocó ante aquellas señales precursoras de la tempestad. Seguro de su buque, cuyas excelentes cualidades náuticas conocía, pudiendo contar con una tripulación compuesta de hombres jóvenes, ágiles y atrevidos, apréstose a luchar contra los elementos con aquella calma que da la fuerza unida a la habilidad y a la experiencia. Se cargaron las velas altas, trincáronse en doble los objetos que había estibados sobre cubierta, tomáronse dos rizos en las gavias, confiose el timón a un hombre de experiencia probada, y, habiéndose tornado cuantas precauciones aconsejaba la prudencia humana, la valiente tripulación permaneció confiadamente a la espera.

Apenas se tomaron estas disposiciones, cuando el huracán estalló con toda su furia. Un huracán de golfo que duró seis largos días, alternados con unas noches de aspecto lúgubre y negro. Sin cielo que desplegase a los ojos su mágico esplendor, un velo sombrío saturado de aire salitroso envolvía a la naturaleza, y el mar, desarrollando su gran voz, cediendo a la presión del viento, elevándose en grandes olas, montañas movidas con cimas de espuma, que parecían querer tragar en su desordenada carrera al frágil buque, rodado, zarandeado y sacudido de cien maneras diversas.

En los primeros días, el *Aventure* sostuvo valientemente el choque. Púsose a la capa. Era el medio de no ser arrastrado por el pérfido embudo formado al juntarse las costas de Francia y de España, bien conocido de los marinos a quienes aterroriza cuando ruge el huracán.

149

Era de noche y el temporal parecía decrecer en violencia; los marineros de guardia, agrupados cerca de la bitácora, guarecidos bajo un toldo alquitranado, sólidamente armado, aprovechando el descanso que les daba el temporal, hablaban entre sí con la mismísima calma indolente con que hubieran estado tranquilamente sentados al rincón del fuego de la mejor taberna de San Juan de Luz o de Bayonne.

Nadie hay tan decidor de cuentos como el marino, cualquiera que sea su situación. Cogedlo en su hamaca o en la mesa, en el fondo de la bodega, sobre la cubierta, o encaramado en las vergas de juanete, podéis estar seguros de que, allí donde haya dos marinos reunidos, habrá una historia a pique de ser contada. Y es comprensible; ¡ha visto tantas cosas el marinero, en su carrera a través del globo! Ha recibido impresiones de naturaleza tan diversa, ha experimentado emociones tan variadas, unas bajo la glacial influencia de las regiones polares, otras ardientes, corrosivas, bajo un cielo tórrido, que mantenerlas en secreto sería superior a fuerzas humanas. Fuerza, es, pues, que el marinero cuente, puesto que su naturaleza le obliga a ello.

Uno de los hombres de guardia del *Aventure*, reventado de cansancio, tenía la cabeza apoyada en sus dos manos, los codos sobre las rodillas, y parecía querer entregarse un momento al descanso, aislándose así de sus compañeros; pero una mano mayúscula, sacudiéndose rudamente, llamole al orden, mientras se hizo oír una voz dura:

—¡Vamos!, ¡zafarrancho!, ¿quién ha visto que se duerma estando de guardia, a la capa, y en compañía escogida?

—¿Qué sucede? –dijo pegando un brinco el joven soñoliento.

—Lo que sucede, compañero –repuso Maestro Martin, uno de nuestros conocidos–, es que no es cortés de tu parte deshacer la reunión cuando hay preparativos para contar bonitas historias.

—¡Yo no sé ninguna!

—¡Pues bien!, si no sabes historias, las oirás. Ten de todos modos los imbornales abiertos, piensa que aquí no se duerme, o de lo contrario abajo a vigilar la sentina.

—¡Gracias! Ya basta de caricias –replicó el dormilón rascándose la espalda.

—¡A ver!, ¿quién empieza una historia? Tú, Lapierre; tú has estado en la pesca de la ballena, qué magníficas cosas has debido ver en una campaña de dos años.

—¡Al diablo las ballenas, la pesca, el armador y toda la caterva! –respondió Lapierre–. No quiero ni oír hablar de semejante cosa.

Me da calentura solo el pensar en el asunto. Ya lo sabéis; así que chitón o me largo.

—Pues tiene que ser interesante. Vamos, Lapierre, déjate ablandar, sé buen muchacho, y dinos, al menos, de dónde venía el arponazo que te ha tocado tan en lo vivo.

—¡Pues bien!, ¿lo queréis? Allá va; no será largo, pero que sea por última vez, y dejadme luego tranquilo con mi mascada.

"Es, pues, el caso que, por mal de mis pecados, me encontraba embarcado en el *Bayard*; hacía quince meses que nos hallábamos en los parajes de los mares del Sur, y que teníamos dos mil barriles de aceite bien estibados en la bodega, cuando el capitán nos dijo lo siguiente: 'Dos ballenas más, valientes míos, y enseguida ponemos la proa para Francia'.

"Y nosotros, tan contentos, ya podéis figuraros.

"Pues, señor, fijaos que al día siguiente, se presentó una, pero grande, capaz de asustar a los más atrevidos. Un navío en rosca, vamos, 120 pies de quilla por lo menos, un verdadero demonio con el lomo cuajado de arpones de las piraguas que se había puesto por montera. Al verla, el capitán, que era un mozo de los más *cruos* dice: '¡Muchachos!, ese honor me toca a mí, Como esta vale por dos, el final de la campaña corre de mi cuenta'. Dicho y hecho, salta a una piragua, se coloca en su puesto a proa, y en seguida las otras piraguas siguiendo a la del capitán con harto trabajo. Llegados a una veintena de pasos del monstruo, que parecía estar detenido y que arrojaba por sus narices dos chorros de agua que subían altísimo, el capitán mandó a los remeros que estuviesen listos para ciar; luego, aprovechando el momento favorable, disparó el arpón con tal fuerza, que el hierro penetró más de dos pies en la carne. Cuando la ballena se sintió pinchada, se zambulló, azotando el agua con su terrible cola, con un vigor tal, que hizo un ruido semejante a una descarga de artillería, y se dio a la fuga arrastrando la piragua del capitán con tremenda rapidez, de tal manera que temblábamos por los hombres que se encontraban adentro. Pero no tardó en debilitarse, de la fuerza del golpe que había recibido; su rapidez disminuyó y reapareció enseguida en la superficie, esparciendo una sangre más espesa que el alquitrán…"

Todos los marinos estaban maravillados de este cuento, sin comprender en absoluto la ojeriza de su camarada hacia su antiguo oficio, tan hermoso, tan dramático.

—¿Sabes que es extraordinario lo que viste ahí –le dijo Pierre Duhalde– y que vale tanto como nuestro oficio de corsarios, sin contar el beneficio que te habrá correspondido por aquellos millares de barriles de aceite?

—¡Beneficio!, ¡sí, por Dios! –replicó animándose el narrador–. Vais a verlo: cuando pasamos la revista en Nantes, que era nuestro puerto de armamento y de la cual me acordaré toda mi vida, aunque fuese tan larga como la del Judío Errante. Primeramente recibí 200 francos de anticipo para pagar a mi patrona y para mi guardarropa para la campaña, y además el interés; luego 15 francos de contribución por cada partija para la maldita cocina del doctor, ¡que un rayo parta!, el cual me presentaba la lanceta cuando yo le pedía regaliz para curar una ciática que cogí en las flechaduras de juanete, doblando el cabo de Hornos, y que me martirizaba los costados; además, dos camisetas encarnadas, que tomé en el almacén de a bordo por haberse tragado un maldito tiburón mis dos nuevas que todavía no se habían envergado, y que había puesto colgando de un cabo para impedir que me pintasen la piel con el destinte; resultado, contando el tabaco, de pipa y de mascar, de que, la verdad sea dicha, hice un consumo terrible durante la campaña, venía a resultar que en el balance yo debía 14 francos al armador.

—¡Cómo, desdichado Lapierre!, ¡tú debías 14 francos al armador! Para el tonto que se los fuera a pagar.

—¡Ah, toma, sí!, ¡cuidado con esa estoca de foque! ¡Pagar! Buenas noches, caja: y con que si os place. No se pesca de esa clase de pescado en la mar. Sin embargo, el armador no se portó del todo mal, y hasta me ofreció condonarme la deuda si volvía a embarcarme en su buque. Pero no pensábamos lo mismo. Con lo visto, ¡basta de pesca de ballena!, me dije para mi capote; y con mi hoja de ruta en su cánula, con mi saco a la espalda, después de haber cobrado el pré, puse bajo mis pies el camino de Bayonne, sin pedir el cambio y abandonando la pesca de la ballena para los mamones o los novicios que no la han catado.

Pasaron aquella noche contando cuentos, sin gran fatiga para la tripulación. Al rayar el día volvió a reinar el huracán con nuevo furor, rugiendo el viento y la mar de una manera espantosa. Una lluvia extraordinaria inundaba la cubierta, calaba a la marinería azotándole los rostros e impidiéndoles maniobrar.

Haciéndose la situación cada vez más crítica, dejaba presagiar otro mayor y último desastre. El buque estaba cubierto por las olas, cuando no estaba expuesto al más fuerte balanceo. La arboladura crujía hasta las carlingas.

En aquel terrible momento, no podían tomar más que una decisión: huir ante el tiempo. Pero para poder hacerlo, había que virar de bordo, y, presentando el costado a la ola, el buque se exponía a zozobrar o a echar todos sus palos sobre cubierta.

El intrépido capitán Garrou, haciéndose cargo de su situación desesperada, lo hizo disponer todo para la maniobra decisiva que iba a mandar, y de la cual pendía la salvación del buque y de la tripulación. Toda la gente estaba sobre cubierta, cada cual en su puesto. El capitán, subido al flechaste, examinaba en el nacimiento del ventado el estado del oleaje tan a lo lejos como podía extender su vista, para evitar una mar desfavorable en el transcurso de la operación; y cuando juzgó el momento propicio, su voz tranquila y vibrante dejose oír, dominando el temporal:

—¡Arriba!, ¡toda la caña a barlovento!, ¡iza foque!

Veinte brazos se abalanzaron para ejecutar estas órdenes con la rapidez del relámpago; y, dócil la corbeta, dando la cabeza, inclinándose sobre el costado, acostose casi, bajando atravesada en el hueco de la ola, mientras que el foque, sacudido, enrollado, torcido, arrancábala; pero el buque obedeció a su impulso y, arrastrado por el huracán, precipitose a través de la espuma, rápido como una flecha, sumergiendo su proa en la ola, rompiendo su botalón de foque mientras su arboladura crujía y se torcía haciendo temer que se viniese toda abajo. Luego, cuando hubo recobrado su aplomo, y el timón, sostenido por manos firmes, hubo impreso a su marcha una dirección segura, viose a la elegante corbeta balancear con cierta gracia sobre las grandes olas que la empujaban, y cuyas cimas de espuma estrellábanse impotentes a lo largo de sus costados.

Por fin, el huracán dio tregua a sus furores; los chubascos se fueron haciendo cada vez más raros y su violencia se transformó en brisa ligera. El sol atravesó las nubes, y pudieron los corsarios contemplarlo radiante y puro, con esa luz que parece que transforma el mar en un inmenso lago de metal fundido. Vino luego la noche, una noche de mayo, tibia y serena, convidando a las emociones tiernas con su cúpula azul, sembrada con estrellas de oro; y la guardia se hizo con facilidad a bordo de la corbeta la *Aventure*, cuya oficialidad y marineros pudieron por fin entregarse al descanso con dulce sosiego.

Con la vuelta del buen tiempo, el capitán Garrou hizo poner la proa al Norte para volver a mar ancha y continuar su crucero en la entrada del golfo. Apresó dos barcos mercantes cargados y, disponíase a conducirlos a buen puerto, cuando el vigía señaló un buque de gran tamaño que se acercaba rápidamente. Diose orden de gobernar sobre él para reconocerlo; y como los dos buques navegando a contra amura marchaban igualmente bien, no hubo que esperar mucho tiempo. Era una hermosa fragata inglesa de 40 cañones en batería, que se presentaba para arrancar su presa al *Aventure*. En efecto, en cuanto las dos presas reconocieron el inesperado socorro que el cielo les enviaba, maniobraron de modo que pudiesen unirse con la fragata y ponerse bajo su protección, mientras que el corsario, virando de bordo, cubríase de lona a fin de evitar los abrazos del temible adversario.

La mar estaba bella, lisa como un lago de cristal. Tan solo una brisa ligera arrugaba su superficie. La fragata era veloz, y, en estas condiciones favorables, se lanzó en persecución de la corbeta francesa.

El capitán Garrou no era hombre que dejase la partida sin haber agotado uno por uno todos los recursos que le ofrecía su hermoso y rápido buque, su valiente tripulación y su gran experiencia realzada por una bizarría a toda prueba.

Tomó, pues, resueltamente caza ante la fragata, cubriendo su barco de lona para intentar ganarle en ligereza. ¡Vana esperanza! No tardó en comprobar que la fragata tenía el pie tan ligero como la corbeta, y, que a no acontecer un milagro, no podía escapar de ella. A pesar de esta triste convicción, no por eso dejó de continuar su marcha; dando las diversas órdenes que las circunstancias exigían, con la calma y la sangre fría oportunas para mantener la confianza de su tripulación.

La caza continuó así, sin accidentes notables durante 25 horas, pues solamente al cabo de este tiempo la fragata, hallándose lo bastante próxima, tiró su primer cañonazo para afirmar su pabellón y dar a la corbeta la orden de retirarse.

Eran las diez de la noche, el tiempo seguía siendo bueno, de una admirable pureza. La luna alumbraba con todo el brillo que recibía del oculto astro del día, transmitiendo reflejos metálicos que iluminaban la mar.

A la llamada del enemigo, el capitán Garrou no vaciló un momento. contestó a su invitación con un cañonazo, cuya bala fue a dar en las aguas de la fragata, y la bandera nacional, así afirmada, fue saludada con gritos de entusiasmo.

Entonces empezó un combate de retirada, tanto más

glorioso para nuestros corsarios, cuanto que su resultado no podía ser ya dudoso. Los cañones de caza de la fragata no cesaban de enviar sus mensajeros de la muerte, a los cuales la corbeta contestaba tiro por tiro, pero con piezas de un calibre muy inferior; y la distancia entre los dos buques disminuía cada vez más, y, a medida que desaparecía, los pesados proyectiles de los ingleses causaban estragos.

Era un espectáculo sublime el de aquellos arrojados marinos, que, con una calma admirable, con una energía que nada podía quebrantar, asistían a aquella obra de destrucción, sobre la toldilla, en el sitio más peligroso, siguiendo, con la cabeza alta y el corazón firme, las peripecias de un drama funesto, cuyo fatal desenlace era inevitable.

La lucha duraba ya, más de dos horas. La corbeta tenía su velamen hecho pedazos y su jarcia flotaba despedazada por la metralla. Varios hombres habían sido muertos, muchos más aún heridos, y algunos cañones desmontados. La cubierta hallábase sembrada de astillas y de sangre: dos veces habíase declarado el fuego a bordo; la tripulación había conseguido apagarlo, y, en medio de estas escenas terribles, su valor no flojeaba... Nadie hablaba de rendirse.

No obstante, encarnizada la fragata, aprovechándose de las ventajas que le daban las averías de la corbeta, cuya marcha había sensiblemente disminuido, consiguió colocarse amura contra amura, a medio tiro de pistola, pronta a pulverizar con sus baterías formidables a su impotente enemigo. La corbeta recibió orden de rendirse. El capitán Garrou, siempre tranquilo e intrépido, llamó a su lado a los oficiales y a su tripulación mutilada, diezmada. Celebrose consejo sobre la toldilla. Reconociose que toda resistencia era inútil y que no podía dar por resultado más que una completa destrucción: decidiose conservar para Francia la valiosa tripulación, que todavía podía serle útil en mejores tiempos.

La bandera fue arriada... Pero cuando la tripulación del corsario, resignada, creía que la lucha había terminado, la tripulación inglesa, olvidando las leyes de la guerra, cometió un acto de la más odiosa cobardía, que no tiene nombre en ningún idioma.

Apenas se hubo rendido la corbeta, cuando toda la andanada de la fragata fue disparada a un tiempo, despedazando con su fuego mortífero a sus enemigos desarmados. ¡Júzguese del desastroso efecto producido por la metralla a tan corta distancia, y del coraje de la bizarra tripulación francesa en vista de la imposibilidad en que se hallaba de vengar una deslealtad tan infame! Así es que el nombre de aquella fragata y el de su comandante se conservarán en la historia, era la *Lacasia*, de 40 cañones y 450 plazas, su capitán, Ouve.

Después de la consumación de aquel acto de fría barbarie, los que quedaban de la tripulación francesa fueron transbordados a la fragata. El valiente capitán Garrou, sus oficiales y los marineros fueron colocados en el fondo de la bodega, en la cual yacieron durante los meses que duró el crucero. Un incidente imprevisto estuvo a punto de permitir su salvación, y poco faltó para que, aunque preñada de peligros, se abriese una puerta para su libertad.

El tiempo había vuelto a empeorar. Había chubascos de viento. El golfo, azotado por el huracán, parecía una sabana de espuma. Era de noche y la fragata hallábase recalada en la costa de España, a la altura de Pasajes. El capitán Ouve, temiendo perderse en esta playa realmente inhospitalaria, bajó contra su voluntad a la bodega y, dirigiéndose a sus prisioneros, preguntoles si uno de ellos querría servir de práctico de costa. El teniente del corsario, Halsouet, de Biarritz, joven tan inteligente como audaz, levantose al instante y aceptó gozoso la proposición. En el momento en que iba a dejar a sus compañeros para subir sobre la cubierta, una mano vigorosa retúvole al instante, y la voz bien conocida del capitán Garrou le sopló al oído estas palabras rudamente enérgicas:

—¡Halsonet!, si eres un buen b... f... ¡embarranca la fragata!

—¡No hay cuidado!, capitán; ya había pensado en lo mismo.

El intrépido teniente, después de esta contestación resuelta, subió ágilmente la escala para ir al puesto que le asignaba la inesperada confianza del capitán inglés. Este, en un principio vigilaba con ansiedad las maniobras de su nuevo práctico; pero cuando vio que la fragata, dirigida por hábiles manos, barloventeaba con facilidad y granjeaba mar abierta, creyó poder bajar a su camarote para concederse un rato de descanso.

Halsonet, libre de su espionaje inoportuno, comenzó a cambiar la dirección de la fragata, poco a poco, al principio, y en varias veces, a fin de no despertar la atención de los hombres que estaban de guardia. Consiguió, con esto, su objetivo, y, mientras el capitán estaba en su primer sueño, la fragata corría a un largo, a la costa.

Por desgracia, el oficial de guardia llegó a echar una ojeada al compás, y, cuando vio el rumbo que llevaba el buque, se puso a dar grandes gritos que despertaron al capitán.

Todo el mundo acudió tumultuosamente. Arrebataron el timón de las manos a Halsonet, el cual, maltratado y apaleado, fue descendido al fondo de la bodega, a planazos de sable y aherrojado, mientras que sobre cubierta maniobraban a fin de volver a poner la proa al largo y alejar la fragata de la costa. Justo a tiempo. Una hora más, e Inglaterra la perdía.

Concluido su crucero, el capitán Ouve dejó precipitadamente aquellas aguas poco favorables para la navegación en grandes buques de guerra. Hizo vela para Plymouth, donde desembarcó a sus prisioneros, que fueron sometidos al duro régimen de los célebres pontones de la Gran Bretaña

.

CAPÍTULO XI

Cruceros de la corbeta la *Atalante*, mandada por el capitán Soustra

He aquí el nombre de un valiente defensor de Francia, al que intentaremos salvar del olvido con singular satisfacción, por cuantos lazos de parentesco y de buena y antigua amistad unen nuestras dos familias.

Pocas personas saben hoy en Bayonne que ha existido un capitán de corsarios llamado Soustra, marino consumado, que unió a una serenidad a toda prueba una intrepidez singular, y cuyas notables proezas tuvieron tal renombre, que le valieron una graduación elevada en la marina militar y misiones importantes en las épocas más peligrosas. A buen seguro, la generación actual que se sienta indiferente en el banquete de la vida, no lo sospecha en absoluto: es verdad que conoce mucho mejor la historia de Roma y de Atenas que la de su ciudad natal.

Además, hay que agregar que nuestra querida ciudad tiene algo de *colonia*. Los unos se van, desaparecen, y otros vienen a reemplazarlos. Estos suben, crecen, progresan; aquellos bajan. Es una renovación regular, periódica de la población, que se ejecuta con una exactitud casi matemática. ¿Qué ha sido de las familias opulentas que componían hace cincuenta años el comercio de Bayonne? Se cuentan una, dos acaso que han resistido a la acción corrosiva del tiempo. En un país así constituido, las tradiciones se borran, o mejor dicho, no arraigan: no tienen razón de ser. Los recién llegados son individuos a los que ningún lazo une al pasado, por lo que naturalmente profesan muy escaso interés hacia los actos de los que le precedieron en su carrera.

***

Era en el año II de la primera República. Francia estaba en guerra con el extranjero que había abierto sus filas a la emigración. El territorio se hallaba amenazado y el gobierno acababa de dar un decreto disponiendo que los armadores que hiciesen construir buques de guerra serían merecedores de la patria.

Las casas de Bastiat y Dufoure e hijo, de Bayonne, respondiendo a este llamamiento nacional, hicieron construir inmediatamente una magnífica corbeta, la *Bayonnaise*, cuyo nombre se hizo célebre en los fastos marítimos de Francia, por la captura al abordaje de la fragata inglesa la *Embuscade*, hecho de armas que mereció los honores de un cuadro que figura en el Museo de París. La *Bayonnaise* debía ser mandada por el capitán Soustra, que había participado en su construcción con 51.000 libras tornesas, que componían casi toda su fortuna, adquirida al precio de muchos años de una navegación tan activa como peligrosa.

Pero los graves acontecimientos que sucedían en aquella época lo dispusieron de otro modo. Amenazada en sus fronteras por fuerzas imponentes, atacada por la mar por Inglaterra encarnizada, Francia se encontraba, además, debido a la emigración, privada del concurso de sus principales oficiales de mar y tierra que hubieran podido serle útiles. El tesoro estaba exhausto, agotados los recursos de las rentas públicas, el país arruinado por las prodigalidades del largo reinado de Luis XIV, a las cuales habían sucedido las orgías de la Regencia, duplicadas por el sistema financiero de Law, y finalmente las favoritas del galante Luis XV.

Esta digresión era necesaria para la justa apreciación de los hechos que van a seguir.

El gobierno, que procuraba conseguir por todos los medios en su poder, recursos para resistir a sus formidables enemigos, habiendo sabido que se armaba en Bayonne una magnífica corbeta de guerra, la embargó para incorporarla a la armada del Estado, reembolsando su importe a los propietarios con asignados, única moneda que poseía en aquel tiempo. Era obrar mal, tal vez; el acto parecía un atentado contra la propiedad, una expoliación, disfrazada si se quiere; pero se disculpa por la dificultad de los tiempos teniendo en cuenta que el extranjero había invadido nuestro territorio. Además, al gobierno del momento no le faltaban precedentes semejantes que poder invocar, practicados en tiempos de crisis bajo los reinados más gloriosos. La historia de nuestro país está llena de hechos parecidos; y, a fin de no citar más que uno solo, he aquí lo que puede leerse en la *Historia de Francia* de Anquetil, (autor nada sospechoso), tomo IV, página 290:

"Pero en aquellos tiempos borrascosos, las faltas eran inevitables, y los planes de guerra, lo mismo que los planes financieros debían igualmente ser desgraciados. Cuando Desmarets fue nombrado ministro, la deuda consolidada era de dos mil millones y aún quedaban por saldar cerca de quinientos millones de letras vencidas de toda clase, amén de los gastos del año corriente, que ascendían a 200 millones. Para hacer frente a tantas cargas, no había más que un ingreso que subía a ciento veinte millones. Sin embargo, el hambre de 1709, que hizo subir los gastos de manutención del ejército a cuarenta y cinco millones, y la miseria de los pueblos que redujo las entradas en sus dos tercios, acrecentaron las dificultades del ministro, cuyo talento debe juzgarse por los obstáculos que tuvo que vencer y no por el resultado que en realidad tuvo, aunque no deja de ser talento bien extraordinario el de haber podido sostener la Hacienda durante los años desastrosos del final del reinado de Luis XIV. Anticipos, empréstitos, derramas, constituciones rentísticas, el impuesto de diezmo que no produjo más que diez millones, y lingotes por valor de treinta millones que algunos armadores de Saint-Malo trajeron del Perú en 1703 y de los cuales se apoderó el gobierno mediante un interés del 10 por ciento, con objeto de ensayar de nuevo el recurso de una refundición, constituyeron su secreto. Aunque no tenía nada de nuevo, hay que alabar al ministro por haber tenido el talento de poderlo poner en práctica."

Después de haber apresado la *Bayonnaise*, el ministro de marina (lo era el ciudadano Dalbarade, de Biarritz), pensó en utilizar los servicios de un marino tan valioso como el capitán Soustra, bien conocido por sus numerosas hazañas en la mar, por sus atrevidos golpes de mano y sus brillantes acciones, que desde hacía tiempo le habían señalado a la atención de la marina inglesa.

Ofreciole el mando de la corbeta la *Atalante*, que se encontraba en Bayonne, con el grado de capitán de fragata. En la oposición que acababa de hacérsele, el capitán Soustra no podía elegir entre los dos partidos: tuvo que aceptar. Recibió la orden de presentarse en Brest para reunirse con la escuadra del almirante Villaret-Joyense que estaba bloqueada por una flota inglesa. Era un comienzo que prometía, pues además de las fuerzas imponentes reunidas delante de Brest, la mar se hallaba cubierta de cruceros ingleses que había que atravesar. Soustra no vaciló un instante, y, tan luego como estuvo lista la *Atalante*, bajó el Boucau, desde donde vio la vela el 4 floreal año II. Enseguida de su salida, presentósele una circunstancia que le inspiró la mayor confianza en su travesía.

En cuanto el crucero inglés, que se encontraba en la vecina costa de España apercibió el *Atalante* en vela, lanzose en su persecución. Componíase de un bergantín, de una corbeta y de una fragata. Empezaba ya a murmurarse entre la tripulación francesa acerca de la imprudencia de la salida: hablábase de virar de bordo, de volver a entrar en Bayonne, de embarrancar. Rápido en sus decisiones, el capitán Soustra se dio cuenta de que había que dar un golpe enérgico para levantar la moral de aquellos hombres a quienes mandaba por primera vez, y establecer sobre ellos la supremacía que dan ante el peligro, la sangre fría y el valor unidos a una voluntad de hierro.

El *Atalante*, cubierto de lona, se deslizaba sobre la ola con una rapidez maravillosa. No cabía duda, era de primera marcha, y desde este punto de vista, podía competir con la más apuesta fragata inglesa. Cuando el capitán Soustra adquirió esta certeza, decisiva para el resultado de su travesía, subió a la toldilla y haciendo que se acercara su tripulación algo intranquila:

—¡Hijos! –les dijo–, ya veis la marcha de la corbeta; supera sus diez nudos sin forzar; así, pues, sería preciso un señor buque velero para cerrarnos el paso. Aquel bergantín, no cuenta; la corbeta se queda atrás a ojos vistas; la fragata nos aguanta, es verdad, pero no nos aventaja, y dentro de dos horas será de noche, la brisa es fresca, y mañana no la tendremos a la vista, yo respondo de ello. Pero si fuese de otro modo, si por un acaso impredecible, viniésemos a colocarnos bajo el fuego de sus baterías, me veríais clavar la bandera con mis manos, batirme a muerte y hacerme echar a pique antes que rendirme. Francia amenazada no tiene hoy más que cobardes. ¡Victoria o muerte!, he ahí lo que ella espera de sus hijos. Respecto a mí, nunca he sido prisionero de Inglaterra y he jurado que no lo sería jamás. Esto es lo que hay, confianza en vuestro comandante y ¡viva Francia!

—¡Hurra por Francia! ¡Viva el capitán! –repitió en coro la valiente tripulación, electrizada con esta enérgica alocución.

La *Atalante* entretanto continuaba su marcha rápida. Vino la noche; se hizo rumbo a través de la oscuridad más profunda, y al día siguiente, cuando llegó el día, la fragata inglesa ya no se hallaba a la vista. La experiencia del capitán no le había engañado y con esto aumentó la confianza de la tripulación.

Después de infinitas bordadas en el golfo para evitar los cruceros ingleses escalonados a su paso, el *Atalante* llegó a la altura de Brest, cuyo bloqueo felizmente halló levantado por un temporal de viento con cuyo auxilio

163

entró en la bahía el 16 floreal, doce días después de su salida de Bayonne.

Cuando el *Atalante* llegó a Brest, era tan crítica la posición de Francia que la Convención Nacional se había visto obligada a enviar a varios de sus miembros más enérgicos a las diversas fronteras, a fin de conjurar el peligro de invasión que las amenazaba. Tres personas, cuyos nombres se han hecho históricos, dominaban en Brest; eran los representantes del pueblo en comisión: Prieur de la Marne, Jean Bon Saint-André y el almirante Villaret-Joyeuse, que mandaba la escuadra. Como marino, este último nos atañe, entra en nuestro cuadro, y, ya que el capitán Soustra va a encontrarse a su lado, digamos en pocas palabras quién era:

El conde Villaret-Joyeuse era un discípulo del bailío de Suffren, bajo cuyas órdenes hizo sus primeras armas en la India. Nacido en Auch, de una antigua familia de Gascuña, fue al principio destinado a la carrera eclesiástica. Pero la naturaleza no se conforma siempre con las intenciones, con las miras de los parientes, y como lo había criado para la mar, se hizo marino. Debía ser una vocación resuelta pues entre el seminario y el barco, hubo de hacer un alto en los gendarmes de la casa del rey: y allí, habiendo querido poner en ridículo uno de sus camaradas el traje que acababa de dejar, Villaret-Joyeuse batiose con él, le mató de una estocada y fue a refugiarse al lado de M. Farnay, su pariente gobernador de Île-de-France. Entró entonces gozoso en la marina, y de tal manera se hizo notar, que no tardó en obtener un mando del bailío de Suffren, después de varias misiones importantes cerca de Haïder-Aly y de varios otros jefes indios, que desempeñó con raro talento y fueron coronadas con un éxito completo.

En una de aquellas delicadas misiones espinosas, el valiente Suffren, al confiarle la corbeta la *Naïade*, de 18 cañones, le dijo las siguientes lisonjeras palabras:

"Os he escogido porque necesito un hombre de talento. Haced todo lo que podáis para cumplir vuestra misión, os doy carta blanca. Seréis perseguido a la ida o a la vuelta: sin duda seréis apresado, pero os batiréis bien. Esto es lo que quiero."

Villaret-Joyeuse tuvo la suerte de poder transmitir el mensaje de Suffren. Tan solo a la vuelta le dio caza el *Spevtre*, navío inglés de 74 cañones. Villaret se defendió como un león; su tripulación hizo prodigios de valor, y no se rindió hasta que hizo un horrible mal al enemigo. Su corbeta estaba desarbolada y había ocho pies de agua en la bodega; íbase a pique agujereada por las balas enemigas. Cuando pasó a bordo del navío, el capitán inglés no pudo menos de decirle, devolviéndole su espada que no quiso aceptar:

—Caballero, nos dais una hermosa corbeta, pero nos la habéis vendido muy cara.

Compréndese después de semejantes actos, que Villaret-Joyouse se haya colocado entre los mejores oficiales de la marina real.

En 1791, mandaba en Lorient la fragata *Prudente*, con la cual fue enviado a Santo Domingo, donde se encontraba cuando los primeros disturbios de esta colonia. No volvió a entrar en Francia hasta que la bandera tricolor hubo reemplazado a la bandera blanca.

Colocado en una posición delicada, admiraba el patriotismo de su conducta. Aunque su corazón, sus afectos pertenecían al orden de cosas que acababa de ser destruido por el soplo revolucionario, no vaciló; no vio más que a Francia, su patria, amenazada por la coalición extranjera, y ofreciole el socorro de su brazo, el de su espada y el de su gran experiencia. Nombrado para el mando de la armada naval del Océano, conservolo varios años y en este difícil puesto desplegó tanto talento como valor. Esto es lo que hacía decir a Jean Bon Saint-André:

"—Yo sé que Villaret es un aristócrata; pero es un valiente que se batirá bien."

Y hemos dicho que, en esta época, Francia se hallaba en una posición crítica si las hay. En efecto, una hambre sin parangón en la historia vino a unirse a la invasión extranjera que rugía amenazadora en todas nuestras fronteras. Esperábase un convoy de subsistencias de los Estados Unidos con comprensible impaciencia. Dábase la mayor importancia a su llegada: ninguna medida se había descuidado para asegurar el éxito de la preciosa expedición; una poderosa escolta protegía su marcha: un crucero despejaba los parajes que debía atravesar y una división formidable cubría los desembarcaderos de Brest donde aquella debía recalar.

Sin embargo, estas disposiciones defensivas no habían podido calmar la inquietud, la alarma que la opinión pública experimentaba por el retraso del convoy. Sabíase por los diarios ingleses, que el gobierno británico se hallaba prevenido de su salida, del rumbo que debía seguir y de las fuerzas que la escoltaban. Temíase que el almirante Haw, reuniendo el numeroso ejército que cubría las aguas de la Mancha, saliese a su encuentro, vengando así, con un solo golpe, las pérdidas que nuestros cruceros hacían experimentar al comercio de la Gran Bretaña, al paso que dejaba a Francia hambrienta, débil para defenderse contra fuerzas que se disponían a invadirla.

Tales eran las preocupaciones que agitaban a los espíritus en Brest, el 16 floreal, año II, cuando el *Atalante* dejó caer su ancla en medio de los navíos y de las fragatas que guarnecían la bahía. El capitán Soustra pasó a bordo del navío la *Montagne*, en el cual flotaba la insignia del almirante Villaret, quien lo acogió con la franqueza cordial del marino y casi como compatriota.

—Capitán –le dijo–, he oído ya hablar de vos. La atrevida travesía que acabáis de cumplir tan felizmente, a pesar de los cruceros ingleses escalonados de Brest a Bayonne, me prueba que vuestra reputación de buen marino, tan capaz como intrépido, no es injusta. Así es que no pienso dejaros ocioso por mucho tiempo. ¿Vuestra corbeta tiene buena marcha? ¿Justifica su nombre de *Atalante?*

—General –respondió respetuosamente el capitán Soustra–, he visto durante mi carrera muchos buques, sean franceses, sean extranjeros, cuya agilidad en la mar

166

era maravillosa; pero el *Atalante*, según la experiencia que acabo de tener, no temería competir con el más rápido corsario; esto es lo que puedo afirmar.

—Está bien, capitán, esa seguridad me es tanto más placentera cuanto que en la misión que voy a confiaros, el andar de vuestro buque será, cuando menos, tan útil como sus cañones. Estad listo para zarpar mañana con la corbeta *Jean-Bart*, que también es muy velera. El semáforo de Ouessant acaba de señalarme a la escuadra inglesa que el temporal de viento había alejado de nuestras costas. Debemos intentar restablecer el bloqueo, pues varios buques empiezan a mostrarse a lo largo de esta isla. Iréis a ver lo que hay de esto. Os acercaréis a la escuadra inglesa lo más que os sea posible a fin de reconocerla, sin, no obstante, dejaros apresar por ella, Después, vendréis a darme cuenta de su importancia y del estado en que el último ventarrón la ha dejado. Id a tomar vuestras disposiciones, el capitán del *Jean-Bart* se halla prevenido.

Después de haber recibido estas disposiciones, el capitán Soustra saludó al almirante, el cual, le indicó con gesto amable que la sesión había terminado, y embarcose en su ligero esquife que muy pronto franqueó la distancia que le separaba de su buque.

Al día siguiente, hacia las diez de la mañana, veíanse dos elegantes corbetas separarse de en medio de la flota para hacerse a alta mar. Los ojos de todos los marinos de los navíos y de las fragatas, estaban fijos en ellas y seguían su maniobra con vivísimo interés. Era que conocían los peligros sin cuento a que iban a exponerse aquellas dos lindas y frágiles embarcaciones. En un momento llegaron al *goulet*, doblando a distancia la roca Mingau, funesto escollo célebre por el naufragio de dos navíos de línea, y costeando el fuerte Berthaume, la punta de Saint Mathieu y las Islas Silvestres que forman el archipiélago Ouessantino, se dirigió resueltamente hacia alta mar. Eran, como puede adivinarse, el *Jean-Bart* y el *Atalante*, cumpliendo la delicada misión que el almirante Villaret les había confiado. Con gran admiración de los capitanes, la mar presentábase limpia de corsarios ingleses. El vigía de Onessant había hecho una señal falsa. No vieron a ninguno de los buques pertenecientes a la escuadra del bloqueo; pusiéronse entonces resueltamente a buscarlos por entre las hostiles aguas de la Mancha, que un resto de huracán agitaba aún. Durante seis días, las dos corbetas dieron grandes bordadas de reconocimiento, a derecha e izquierda, recorriendo el canal en todos los sentidos, y el enemigo, que no obstante les reservaba una sorpresa poco agradable, nunca se dejaba ver.

Era el 24 floreal, al rayar el día. Los dos atrevidos corsarios habían hecho un reconocimiento temerario hasta los recaladeros del cabo Lezard, cuando tres navíos y nueve fragatas y corbetas, doblando una lengua de tierra, presentáronse súbitamente a un tercio de legua de distancia. Las dos corbetas se dieron a la fuga cargándose de lona a tope y, como eran de una marcha sin rival, consiguieron atravesar la Mancha, teniendo siempre a los talones a la escuadra entera, cuyas más ligeras fragatas conseguían mantenerse a inquietante distancia. La agitación de la marcha impidió, sin embargo, que los cañones de caza les hicieran daño alguno y al atardecer alcanzaron el paso de Four. Los ingleses no se atrevieron a seguirles allí. Aquella misma noche, el capitán Soustra entregó la relación al almirante Villaret-Joyeuse, el cual le manifestó su satisfacción al respecto.

El 26 floreal, año II fue un día memorable y de animación extraordinaria para la ciudad de Brest. Los 26 navíos de línea que se hallaban en la rada tenían sus banderas en los picos, señal que transmitía a los marineros de tierra la orden de volver inmedietamente a bordo. El cañón de salida tronaba sobre el alcázar del *Montagne*, magnífico buque de tres puentes, en cuyo palo mayor flotaba la insignia del almirante, y los fuertes que rodean la rada, envolviéndose de repente en una nube blancuzca, respondíanle como otros tantos ecos. Villaret-Joyeuse ordenaba a su escuadra que zarpase, y viose pocos instantes después aquella montañas flotantes, verdaderos gigantes de la mar, libres de sus amarras, balancearse impacientes sobre una sola ancla, como otros tantos valientes corceles, cuyo ardor es contenido por hábiles manos mientras patean y tascan el freno antes de lanzarse a la carrera.

A partir de este momento, tuvo lugar entre la ciudad y la flota el más interesante espectáculo.

Eran las doce de la mañana. El cielo estaba puro y limpio; un cielo de mayo sobre el cual destacaba con todo su brillo un sol espléndido. Las aguas azules de la bahía palpitaban ligeramente bajo una acariciadora brisa de levante. Halláronse, como por encanto, cubiertas con una nube de embarcaciones, flotilla en miniatura, que iban, venían, resbalaban, se cruzaban en todos los sentidos alrededor de los gigantescos navíos de guerra.

Las unas llevaban a los dóciles marinos que iban a sus puestos; otras estaban llenas de parientes y amigos que venían a dar sus últimos adioses.

Pero el cañón truena aún sobre el *Montagne*; las banderas enrolladas hasta entonces en los buques de la escuadra, despliegan vivamente sus brillantes colores. Las anclas a pique dejan el fondo, mientras las velas largadas o izadas se hinchan al soplo de la brisa favorable, y navíos, fragatas, corbetas, parten en un orden admirable, acompañados por las entusiastas aclamaciones de la muchedumbre emocionada que ocupaba la orilla.

El representante del pueblo, Prieur de la Marne, acompañó a la escuadra hasta la punta norte de la pasa. Al dejarla para volver a tierra:

—¡Amigos míos! –dijo a los marinos del *Vengeur* que se hallaban más próximos a él–, volved pronto vencedores de los ingleses.

—¡Sí, vencedores! —exclamó la valiente tripulación–; ¡os lo juramos!, ¡o no volveremos!.

¡Respuesta sublime! Noble compromiso que cumplir. Algunos días después tuvo lugar la terrible batalla del 13 prairial, y ya se sabe el heroico final del *Vengeur*.

El intrépido Jean Bon Sainte-André acompañaba a la expedición sobre el navío almirante. Digamos en pocas palabras cuál eras su misión.

Hemos ya referido las inquietudes del público con respecto al retraso que experimentaba el convoy de subsistencias de América tan impacientemente esperado. Habiendo circulado siniestros rumores con este motivo, los comisarios de la convención comenzaron a temer seriamente que el almirante inglés Howe, en lugar de confiar a una de sus divisiones el cuidado de interceptar aquella flotilla, hubiese marchado a su encuentro a la cabeza de las numerosas fuerzas que se cruzaban en la Mancha.

Lo que daba a la sospecha visos de realidad, era que el bloqueo de Brest parecía abandonado, y que, desde la caza del *Jean-Bart* y del *Atalante* por la división inglesa, los cruceros enviados en reconocimiento no habían vuelto a ver el pabellón británico en la Mancha. Este temor fue el que decidió a los comisarios a hacer romper a nuestra armada naval la inacción en que yacían marinos y buques, despachándola al encuentro del convoy de América.

La inspiración fue justificada por los acontecimientos, ya que, mientras que Villaret-Joyeuse tenía en jaque con fuerzas inferiores a los 35 navíos de alto bordo del almirante Howe y sus 3.000 cañones, por su lucha heroica del 13 prairial, el convoy de subsistencias que Francia hambrienta esperaba, continuó pacíficamente su camino y llegó felizmente a destino.

Y ahora que hemos puesto en conocimiento de nuestros lectores estos hechos indispensables para la comprensión de lo que va a seguir, vamos a limitarnos al cuadro trazado para nuestro objeto, siguiendo la estela del *Atalante* y limitándonos a contar la participación del capitán Soustra en aquel gran episodio.

El almirante Villaret, al salir de Brest formó sus veintiséis navíos en tres líneas prontas a combatir, y se internó de esa manera en alta mar al encuentro del convoy del enemigo. Respecto a las fragatas y a las corbetas, su misión fue ir por delante para despejar el camino, y hacer reconocimientos a derecha e izquierda sobre sus flancos, apresando a todos los buques de comercio que encontrasen.

El capitán Soustra recibió la orden de seguir con el *Atalante* todos los movimientos de la fragata la *Bellone*, que era de primera marcha. Así es que, aquellos dos buques tan veleros, adelantándose a los pesados navíos de línea, no tardaron en perder de vista la flota, y desde el día siguiente de la salida de Brest, se hallaban separados por una gran distancia: navegaron así en convoy durante 12 días haciendo numerosas presas que en vano intentaron escapar.

Era el 12 prairial; la noche sombría tiraba a su fin. El tiempo estaba cargado y pesado: una brisa fuerte desleía una neblina espesa que impedía verse a los dos corsarios. Al acercarse el día, hízose la descubierta bajo la tibia influencia primaveral y a medida que la evaporación ensanchaba el reducido círculo que detenía las miradas, la tripulación del *Atalante* buscaba con la mirada la posición de la *Bellone*, que la víspera había quedado a cierta distancia. No tardó en apercibirse de las formas majestuosas de un gran buque de guerra, destacándose indecisas aún entre la atmósfera que le envolvía con su velo gris. Lleno de seguridad y de confianza, el capitán Soustra maniobró para acercarse a la *Bellone*... Quería dar de viva voz un *good morning* amistoso a su comandante. Juzgándose ya bastante cerca, estaba cogiendo su bocina, cuando un rayo de sol, atravesando el velo húmedo que cubría el mar, hizo de repente los objetos más distintos y, disipándose la bruma, dejó al *Atalante* al alcance de la voz de un navío inglés de cien cañones. La *Bellone* estaba todavía invisible, perdida en la neblina.

El ascendiente que el capitán Soustra había sabido adquirir sobre su tripulación era tal, que en tan terrible posición no hubo un momento de desorden a bordo de la corbeta francesa. Todos los ojos fijáronse naturalmente en el comandante, que reunía en sí toda la responsabilidad; pero veíase en la expresión calmosa y decidida de las miradas, que procedían de hombres dispuestos a ejecutar las órdenes por desesperadas que fuesen.

El capitán Soustra, por su parte, no vaciló un solo instante acerca de la conducta que debía observar. En lugar de arriar su pabellón y de rendirse prisionero, como se lo aconsejaba la prudencia, continuó altivamente su derrota bajo el fuego del enemigo, escupiendo por entre los tubos de su bocina la orden de cubrir de velas al *Atalante*, lo cual fue prontamente ejecutado y con una sangre fría tanto más de admirar, cuanto que en el mismo instante en que se inflamaron los costados del buque, dispararon una andanada completa, y a un ritmo espantoso sucedió una lluvia de hierro que pasó al través de nuestros intrépidos marinos. Pero el gracioso buque, como si adivinase el peligro que amenazaba a los valientes que conducía, obedeció mejor que nunca el soplo de la brisa. Se lanzó avante con un ardor impaciente, devorando el espacio para escapar a los pesados proyectiles de su adversario, que le perseguía con encarnizamiento. Durante tres cuartos de hora, el *Atalante* estuvo expuesto así al fuego del enemigo, y un genio providencial parecía protegerle en su rápida carrera... Favorecido por la marejadilla y las madejas de neblina desparramada que perjudicaban a la exactitud de la puntería de los artilleros ingleses, no recibió más que averías insignificantes.

Luego fue socorrida por la *Bellone*, atraída por las explosiones de la artillería. Su bizarro comandante, se dio a perseguirlo, hasta colocarse resueltamente a tiro de pistola del navío, cuyo mastelero de gavia de velacho había caído por suerte a la primera andanada de la fragata.

Ante este rudo ataque, el navío se dio a su vez a la fuga y se alejó abandonando una presa incierta.

La *Bellone* y el *Atalante* continuaron su crucero todavía durante varios días más, y hasta el primer mesidor no volvieron a ver las aguas de la rada de *Brest*, con catorce barcos mercantes cargados que habían apresado.

Pocos días después de su llegada, los dos capitanes fueron llamados a tierra por las autoridades marítimas. Recibieron en nombre del gobierno felicitaciones por su magnífico crucero. Prieur de la Marne, que había leído la relación del comandante de la *Bellone*, en la cual se hacía plena justicia a la heroica intrepidez desplegada por su colega en el combate con el buque inglés, dirigiole en pleno consejo las siguientes lisonjeras palabras:

—¡Capitán del *Atalante!* Sois un valiente y digno merecedor de la patria, que por mí os manifiesta su agradecimiento. Colocado como lo estabais inopinadamente bajo los cañones de un navío de línea, los más escrupulosos en materia de deber y de honor militar os hubieran absuelto si hubierais arriado vuestra bandera. Pero vuestra intrepidez, vuestra serenidad a toda prueba os han conducido a obrar de otra manera, y el éxito ha coronado vuestra audacia. Es preciso que se sepa: el día que expusisteis seriamente vuestra vida amenazada, para salvar vuestra libertad, ese día también habéis hecho don de una hermosa corbeta y de una valiente tripulación a la República. La recompensa que merecéis no se hará esperar. Os nombramos comandante de la fragata la *Bellone*, cuyo capitán pasará a mandar la *Virginie*.

Desgraciadamente, la *Virginie* salía del astillero. No estaba aún armada, y como debía pasar algún tiempo antes de que estuviese lista, diose orden a los capitanes de la *Bellone* y de la *Atalante* de prepararse, mientras hacían un nuevo crucero con sus buques respectivos.

Al *Atalante* y a la *Bellone* se les adelantó en Brest la escuadra del almirante Villaret-Joyeuse, que había vuelto hacía algunos días, después de haber presentado a los ingleses la batalla del 13 prairial, una de las más sangrientas que consigna la historia. De ambas partes hubo pérdidas horribles.

Los 26 navíos franceses habían defendido valerosamente el honor de su bandera, contra los 36 navíos mandados por el almirante Howe, y si Brest recibía los restos gloriosos de nuestra escuadra, destrozados, acribillados, descuartizados en este valiente choque, los ingleses, no menos maltratados, habían podido llegar a Pantelans, refugio protector de los puertos británicos.

Qué diferencia de aspecto con la brillante y majestuosa salida de que hemos hecho bosquejo. La flota habíase reducido a cerca de una tercera parte. Ocho navíos faltaban a la revista. El *Terrible* y el *Vengeur* desaparecidos, zozobrados, pues los valientes que los tripulaban no habían vacilado entre el cautiverio y el frio sudario de las olas, llevándose sus banderas a este glorioso sepulcro. El *Juste*, el *Northumberland*, el *Sans-Pareil*, el *América*, el *Achille*, el *Impetueux* envueltos por la escuadra enemiga entera, cuyas andanadas atronaban y reventaban sobre ellos, sin pensar más que en hacer pagar cara su conquista, cayeron en poder de los ingleses como otros tantos sepulcros flotantes, atravesados a celaje, cubiertos de muertos, de heridos y de moribundos sobre los cuales no se levantaba ya el menor trozo de palo, último indicio de que fueron valientes buques de guerra.

Los sobrevivientes de aquella terrible lucha estaban allí ofreciendo a la curiosidad de los habitantes de Brest un doloroso espectáculo. No se veían más que percintas acribilladas por las balas, palos y vergas rotas, maniobra despedazada por la metralla, velas en pedazos; y entre la gente, ¡cuantos nombres tachados de los roles de la tripulación! Las miradas se dirigían con particular interés hacia el navío almirante la *Montagne*, uno de los más maltratados, cuyos anchos costados transformados en tableros de damas presentaban multitud de puntos blancos que cubrían las nobles cicatrices recibidas defendiéndose con un valor sobrehumano contra seis navíos de tres puentes que le rodeaban.

Era el 15 thermidor: el *Atalante* y algunos otros buques ligeros estaban fondeados en la boca de la rada defendiendo la entrada de la dársena. El almirante Villaret, habiendo hecho al capitán Soustra la señal de pasar a bordo, le dio orden de hacerse a la vela al instante y seguir a la fragata la *Surveillante*, que despachaba para adquirir noticias de los movimientos de los ingleses sobre sus costas, puesto que no habían vuelto a aparecer ante Brest desde el último encuentro.

Los dos buques hiciéronse a la mar y tomaron la vuelta de fuera. Su crucero duró tres días, durante los cuales hallaron el campo libre. Después de haber recorrido la Mancha sin encontrar enemigos, el comandante de la

Surveillante despachó al capitán Soustra con una carta para el almirante, anunciándole que la mar estaba libre. El *Atalante* escoltaba a cuatro buques ingleses de comercio apresados la víspera. En el trayecto para ir a Brest el capitán Soustra apresó aún a veinte leguas al largo un hermoso buque inglés que se encontraba en su camino, y el 17 thermidor, entraba felizmente en la rada a la cabeza de su escuadrilla y cumplía su misión cerca de Villaret-Joyeuse.

El almirante, a quien preguntó si debía ir a reunirse con la *Surveillante*, le respondió cariñosamente:

—No, capitán, os destino a cosa mejor; voy a enviar en vuestro lugar a la *Bellone*. Descansad durante algunos días; dentro de poco, os daré a conocer mis intenciones.

El capitán Soustra retirose satisfecho de la entrevista y un tanto intrigado por las últimas palabras del almirante, cuyo pensamiento se esforzaba por adivinar. Mientras tanto, dispúsose a matar el tiempo en tierra, pues el perfecto estado de limpieza de su buque, y el orden admirable que en él reinaba, le daban poca ocupación a bordo.

El teatro era en aquella época la distracción obligada de todos los oficiales de la armada. Al acercarse el fin del espectáculo, veíase destacarse de todos los buques de la rada una flotilla de embarcaciones esbeltas y brillantemente pintadas, que iban a esperar a los estados mayores a los embarcaderos. Estaba severamente prohibido a los oficiales de marina el dormir en tierra. Dos días después de su conversación con el almirante, el capitán Soustra fue retenido a la salida del teatro, donde se hallaba, por amigos que le hicieron la galantería de un vaso de ponche, cosa que jamás rehusaba un marino. Se retrasó y era el último de los capitanes en tierra, cuando pensó en volver a bordo. Todas las embarcaciones habían dejado el embarcadero; solo un ligero esquife balanceábase gracioso sobre las olas muellemente agitadas por la brisa de la noche; era el del *Atalante*. Llegado al muelle, observó el capitán Soustra a dos hombres envueltos en capas, cuyos ademanes pareciéronle sospechosos. Iba a acercarse a ellos para preguntarles lo que hacían allí, a aquella hora intempestiva de la noche, cuando reflexionó que podían ser guardas o aduaneros, y saltando a su embarcación dio la orden de desatracar.

El esquife, manejado por seis vigorosos marinos, lanzose con rapidez hacia la rada, a donde llegó en pocos golpes de remo. En el momento de dejar las aguas de la pequeña ría de Penfeld, que atraviesa el fuerte interior de Brest, el patrón que guiaba el bote del *Atalante* dirigió la vista por casualidad a la derecha sobre la tierra, y después hizo observar al capitán un objeto confuso, indeciso, que parecía moverse sin ruido en las tinieblas.

—¡Y bien!, ¿qué crees que sea eso, Martin? –díjole el capitán Soustra.

—No sé, capitán –respondió el patrón–. Parece ser una embarcación, a la verdad; pero el diablo sea, si, desde que navego, he visto ninguna que tenga esa forma. Notad, señor, que no reman a bordo, puesto que a esta pequeña distancia oiríamos el ruido de los remos en el agua y en la cubierta; y no obstante he ahí que se escurre, o más bien que resbala como una gran serpiente negra. Señor, ¡que proteja Dios a los que se hallan en ese barco!, si es que son hombres. En cuanto a mí, aunque me ofrecieran la doble parte de la presa a bordo del buque a que pertenece, me negaría en redondo.

—Pero entonces, Martin, ¡es que crees en brujas! Nunca lo hubiera sospechado de ti, tan valiente en la mar y en el combate. ¡Ea!, intentaré curarte, por lo menos en lo que toca a ese navegante misterioso. ¡No rememos más, muchachos!, quiero examinarlo a mis anchas cuando se encuentre fuera de la sombra del fuerte y que se halle a descubierto en la embocadura del Penfeld, adonde se dirige.

Los marinos que tenían los remos, dejaron de remar, con una satisfacción tanto más viva, cuanto que también ellos eran supersticiosos, como su camarada, y como lo son en general casi todos los hijos del Océano. La conversación entre el capitán y Martin, de que no perdieron una palabra, causoles una impresión de inquietud vaga, unida a una curiosidad indecible y muy natural a semejante hora y en tales circunstancias.

En efecto, era medianoche. Un silencio profundo reinaba en tierra como en la rada. Distinguíanse solamente los fanales, luminarias brillantes atadas a la proa y a la popa de los navíos para indicar su posición, y los reverberos humeantes colocados a la entrada del puerto. Todo lo demás estaba sumido en una oscuridad profunda; y a algunas brazas del esquife del *Atalante*, detenido en una inmovilidad completa, la embarcación extranjera continuaba siempre sin ruido su marcha fantástica. Un silbido seco, agudo, atravesó de repente el aire. Parecía venir del lado del puerto. La embarcación misteriosa dejó a este llamamiento la sombra protectora del fuerte que costeaba, y sin que ningún ruido indicase su marcha, atravesó como una flecha la estrecha embocadura de Penfeld… Un sudor frio goteaba por las frentes de los marineros del *Atalante*; los corazones latían a tope en los vigorosos pechos.

Respecto al capitán Soustra, observaba y reflexionaba. Decidiendo en seguida:

—¡Bogad! —dijo a sus hombres—; y tú, Martin, haz gobernar para tierra remontando la rada. Quiero salir de dudas. Me temo que dos individuos que he observado en el momento de reunirme a vosotros, no sean extraños a todo esto. Vamos a emboscarnos y a ver de cerca el color de ese navegante silencioso, que positivamente va a volver por el mismo camino. ¡Ea muchachos!, doble remada.

El esquife, costeando la tierra, alejose rápidamente. Los marineros bien hubieran preferido volver a bordo, pero doblegados a una disciplina inflexible, obedecían sin arriesgar la menor observación, que por lo demás hubiera sido mal acogida; ya lo sabían. Llegado a cierta distancia, el capitán Soustra hizo suspender la marcha de su embarcación, que se detuvo inmóvil tras un montón de rocas que se destacaba de tierra. La detención no fue larga pues, al cabo de algunos minutos, el patrón Martin, cogiéndole el brazo con su mano de hierro, le sopló al oído estas palabras, las únicas que pudo pronunciar:

—¡Capitán!, ¡ahí está!

Todos los ojos se dirigieron hacia el punto que indicaba, y vieron una larga embarcación negra y afilada que se escurría sobre el agua como una sombra. No pertenecía a ninguno de los buques de la rada, pues evidentemente se dirigía hacia alta mar. El capitán Soustra se vio obligado a hablarle.

—¡Oh del bote!, ¡oh!

Ninguna respuesta. La sombra silenciosa pareció solamente redoblar su rapidez, al mismo tiempo que se inclinaba hacia afuera para alejarse. A esta notable falta de los usos de la mar, miráronse unos a otros los marineros, y un ligero estremecimiento recorrió sus miembros. En aquel momento, no había ni uno solo que no hubiese cambiado su situación por la del más rudo abordaje.

—¡Oh del bote!, ¡oh! –repitió el capitán del *Atalante* con un punto de cólera, en el momento en que el navegante misterioso iba a pasarle por delante. Un silencio profundo siguió a este segundo llamamiento–. ¡Vamos!, tenemos que saber a qué atenernos. ¡Firme sobre los remos, muchachos! Aun cuando fuese el diablo, estoy en mi derecho y lo detendré.

Vueltos a la acción, al ejercicio de su oficio, los boteros pusiéronse a bogar con un ardor febril; el esquife lanzose como una flecha en persecución del obstinado navegante, que por su parte desplegaba para escapar una agilidad que parecía prodigiosa. Pero el amor propio de nuestros marinos se había despertado; eran todos vascongados, y sabido es que no tienen competidores para bogar. Consiguieron fácilmente vencer a sus adversarios en la carrera.

Seguro de alcanzar el barco misterioso, el capitán Soustra, queriendo apurar todos los procedimientos por su parte, pasó a la proa de su esquife y, hablando por tercera vez:

—¡Queréis decirme qué es esa embarcación y qué hace aquí a esta hora!

El bote no estaba ya más que a algunas brazas; una voz de mando extranjera se hizo oír; recibió un impulso contrario y detúvose inmóvil:

—¡Ingleses! –exclamaron los marinos del *Atalante*.

—¡*Stop, my boys!* –dijo poniéndole el bichero sobre el costado el capitán Soustra; y saltando al bote, hallose enfrente dos jóvenes oficiales de marina ingleses que, arrostrando el peligro, no habían podido resistir la tentación de ir al teatro en Brest. A la entrada de la noche habían salido de su fragata, a la cual iban a reembarcarse en la parte de fuera del boquete. Uno de ellos era sobrino del almirante Howe, y, tales eran las necesidades de la guerra, tan severa la disciplina entonces en la marina británica, que hacía dos años que aquellos jóvenes no habían saltado a tierra.

Enternecido por esta relación hecha con franqueza, el capitán Soustra tuvo compasión de su juventud. Sabía la vida de peligros y de privaciones a que estaban condenados. Dejoles continuar su camino haciendo que le prometieran solemnemente la entrega, en la primera ocasión, de un número de prisioneros franceses igual al de los hombres que montaban su embarcación.

Cumpliendo este acto generoso en el primer impulso de un alma noble y simpática, el capitán del *Atalante* reflexionó al volver a bordo que, su conducta, de que habían sido testigos sus marineros, podía, interpretar mal y atraerle sinsabores.

Presentose al día siguiente temprano al almirante Villaret-Joyeuse y contole el hecho sin rodeos.

Después de haberlo oído, el almirante, que era un corazón noble, cogiole las manos diciéndole:

—Capitán Soustra, soy tan incapaz de desaprobar vuestra conducta que, en vuestro lugar, hubiera obrado absolutamente como vos. No temáis, pues, ninguna consecuencia desagradable por este asunto, cuya responsabilidad tomo sobre mí, Respecto a vuestros hombres, hay un medio de poneros al abrigo de su indiscreción, y es el de salir a la mar; y es lo que vais a hacer inmediatamente, no ya como subordinado, sino como jefe. He aquí un pliego que no abriréis hasta que hayáis perdido de vista la tierra: contiene mis instrucciones. Voy a hacer señal a la corbeta la *Jacobine* para que os siga; su capitán estará a vuestras órdenes durante este crucero, que os deseo tan feliz como los precedentes.

El 20 thermidor, la corbeta la *Atalante*, y la *Jacobine* se hacían a la vela con destino desconocido. La fragata inglesa, en la que servían los dos oficiales de marina detenidos y dejados en libertad en la noche precedente, había tomado la vuelta de fuera dejando el paraje libre. El viento era frescachón y ambos cruceros alejáronse rápidamente... El capitán Soustra hizo sin embargo una observación desfavorable para el buen éxito de su crucero. El *Atalante* andaba infinitamente mejor que la *Jacobine*. Para navegar en conserva veíase obligado a cargar sus velas altas, tan útiles en tiempo de guerra cuando hay que perseguir a un enemigo que se da a la fuga o a tomar caza ante fuerzas superiores. Como no había ya remedio a esta circunstancia penosa para él, tuvo que aceptarlo con resignación. Desgraciadamente, esto no era más que el preludio de las tribulaciones y de las malandanzas que iban a asaltar a este bravo marino y, a partir de ese momento, la fortuna, esa diosa inconstante que le había sonreído hasta entonces, fuele casi constantemente contraria.

Llegado afuera de la vista de tierra, el capitán Soustra, según las instrucciones que había recibido, abrió los despachos del almirante; contenían la orden de ir a cruzar a la altura de las Azores. Apresurose a conformarse a ellas y desplegó en su misión una actividad tal, que algunos días después había apresado seis grandes buques cargados de grano de harina, además de una fragata portuguesa procedente del Brasil con un cargamento de los más ricos.

Para comprender lo que sigue, es preciso explicar que la *Atalante* sola fue la que hizo todas esas presas.

Compréndese que en aquella época los armadores no confiaban su fortuna más que a buques de marcha superior, aptos en lo posible para escapar a los numerosos cruceros que los acechaban como una presa fácil. Cada vez, pues, que el vigía hacía resonar el grito de: ¡*Vela!*, la *Atalante* era la que se encargaba de ir al reconocimiento, de perseguir y de amarinar, por velero que fuese el buque señalado, que fácilmente se habría eclipsado a la marcha pesada y perezosa de la *Jacobine*. El capitán Soustra, según se ve, tenía un compañero poco amable en la *Jacobine* y, cosa curiosa, su capitán fue, como se verá después, quien recogió todos los frutos de esta campaña, honores y beneficios.

A medida que la *Atalante* hacía presas, confiábalas a la *Jacobine*, que las dirigía hacia Francia, y lanzábase luego impaciente al encuentro de nuevos navegantes.

Hacia el fin del día, el 16 fructifor, el gaviero de mesana señaló un gran buque que se bosquejaba en el horizonte. Ventaba duro; el *Atalante* tenía un rizo en las gavias y debió haber tomado dos. Mas, contando con la excelencia de su buque y de su numerosa tripulación, el capitán ponía en ello el mayor cuidado. Hizo señal a la *Jacobine* para que le siguiera y, dando la orden de largar los rizos y aumentar de velamen, el *Atalante* cubierto de lona, lanzose con ardor al encuentro del buque señalado, cuyo maderamen crecía a vista de pájaro sobre el agua. Era preciso esperarlo antes de que la noche se acercase. A la vista de la dos corbetas que hacían rumbo a él, el extranjero cambió de dirección, largó igualmente sus velas altas y púsose a huir con rapidez seguido de cerca por el *Atalante*, que hubiese llegado a reunirse con él si el viento no hubiera refrescado de un modo desastroso para ella.

La valiente corbeta devoraba el espacio en persecución de su enemigo; pero la agitación del mar, la fuerza del viento, la lona que las circunstancias le obligaban a llevar fatigábanla horriblemente. Ya, encontrándose con

181

una ola más alta, su proa se había zambullido bajo ella, y el choque había sido tan violento que toda la arboladura se tambaleó mientras que el casco tembloroso atravesaba la masa líquida que sobre él caía. Los mastelerillos se torcían bajo la presión del viento hasta inspirar temores de que pudieran romperse, y el capitán, en quien estaban fijas todas las miradas, examinaba sereno, impasible, la lucha de su hermoso corsario contra los elementos desencadenados.

Adivinando los pensamientos que preocupaban a los espíritus:

—¡Hijos! —dijo a su tripulación—, el crucero es un poco duro, lo sé; mas he aquí la noche que se aproxima, y si cae antes de que aquel buque esté amarinado, se nos escapa, sin duda. ¡Qué lastima! ¡Ya veis!, le ganamos fácilmente; dentro de dos horas es nuestro. Por tanto, si yo me engaño, será el coronamiento de nuestro crucero. Tiene casi las apariencias de una fragata, y huye de nosotros; ¡es, pues, un rico galeón de la India!

—¡Hurra por el indio! —respondió a coro la valiente tripulación del *Atalante*.

En el mismo instante, una ola alta y hueca se elevaba a una pequeña distancia por la proa. Aproximábase portadora de una amenaza de destrucción, mientras un fuerte chubasco, cayendo sobre la cubierta con una potencia irresistible, pasaba sobre los hombres amarrados, y la voz vibrante del capitán gritaba a los timoneles:

—¡¡¡Firmes en el timón!!!

Justo a tiempo, pues en esta posición crítica, la menor desviación arrastraba consigo la pérdida de la corbeta. Gracias al enérgico vigor, al valor de los cuatro hombres elegidos colocados en el timón, la *Atalante* no sucumbió por completo bajo este terrible choque. Pasada la húmeda avalancha, hizo por enderezarse, por ponerse a plomo; pero en medio de los esfuerzos que hacía para conseguirlo, cayó el palo de mesana con un ruido espantoso. En esta crítica posición, veinte hombres se abalanzaron hacha en mano, haciendo añicos los cabos para desembarazar la parte de proa del buque de las astillas de que estaba más que lleno. Cargose la mayor parte del velamen. Ya no era posible pensar en el galeón, que se salvó merced a este accidente que al mismo tiempo ponía término al crucero del *Atalante*.

El capitán Soustra hizo señal a la *Jacobine*, de que se acercase para que estuviese por la noche a la capa a su alcance. En los días siguientes, las dos tripulaciones trabajaron de consuno para montar en la *Atalante* un mastelero de mesana de respeto, pero, como no podía tener ni la estabilidad ni la solidez de los trabajos hechos en tierra, los dos cruceros pusieron rumbo a Francia, y el 26 thermidor entraban en Brest después de haber sido perseguidos vigorosamente por seis fragatas inglesas, que, en razón de la marcha inferior de la *Jacobine*, se habían acercado a un cuarto de legua de distancia. Pero gracias al perfecto conocimiento que el capitán Soustra tenía de las varias pasas por las cuales se entraba en Brest, pudo escapar de ellos a tiempo, secundado por las baterías de tierra, que con sus fuegos detuvieron la acometida de los ingleses.

El capitán Soustra supo con satisfacción que las presas que acababa de hacer habían todas llegado felizmente a Francia. No obstante, lo que le admiró y le causó justa sorpresa, fue que todos esos buques habían sido inscritos en los periódicos como apresados por la *Jacobine*, que no solamente estaba bajo sus órdenes sino que, como se ha visto, no había apresado ni uno solo, en razón de su marcha defectuosa. Fue para él otro motivo de admiración el recibo de una carta de la comisión marítima, con fecha 13 vendimiario, año III en que se decía que el gobierno estaba en sumo grado satisfecho de las numerosas presas que había hecho, y concluía con una larga serie de felicitaciones. Pero al mismo tiempo al capitán de la *Jacobine* se le nombraba capitán de navío, y confiábasele el mando de una de las más hermosas fragatas de la República, a pesar de no haber hecho más que la última campaña de algunos días al servicio del Estado. Era un asunto como para perder el juicio.

Mediante un poco de reflexión, el capitán Soustra dio con el enigma: "Cesó mi sorpresa –dice, en uno de sus manuscritos, que tenemos a la vista–, cuando me acordé de que el capitán de la *Jacobine* era primo del ministro de marina Dalbarade, de Biarritz."

CAPÍTULO XII

Mort au champ d'honneur.

Últimos cruceros del capitán Soustra. — Su fin glorioso en la corbeta la *Gironde*

Apenas la *Atalante* tuvo un nuevo palo de mesana sólidamente colocado, cuando su capitán recibió la orden de ir al encuentro del vicealmirante Nelly, que estaba cruzando a fin de entregarles despachos importantes.

La *Atalante* dio a la vela en Brest el 21 de vendimiario, y solo el 10, una vez cumplida su misión, fue cuando el capitán Soustra hizo proa a Francia, atravesando de nuevo los cruceros ingleses que cubrían el mar, y de los cuales había escapado felizmente hasta entonces. Cuatro días después, encontró una fragata inglesa ante la cual tomó caza a tiro de cañón. Esta fragata andaba admirablemente y durante cuarenta y ocho horas, mantúvose a la misma distancia. Pero como ventaba duro de la parte de la mar, el *Atalante*, que podía igualarse a la carrera, trasponer nunca, llegó felizmente al puerto de Brest el 16 Brumario, teniendo siempre sobre los talones la encarnizada fragata.

Al día siguiente, el capitán Soustra, después de haber dado cuenta de su misión, reclamó la ejecución de la promesa que le había sido hecha del mando de la fragata *Bellone*. La comisión marítima respondiole, 12 días después, que hallándose en expedición al Norte, la *Bellone*, acababan de transmitir al jefe marítimo de Brest la orden de que se le diese la primera fragata cuyo mando estuviese disponible. Llegole esta carta en el momento en que acababa de recibir orden de zarpar para seguir a la flota que se disponía a hacerse a la mar. Tuvo, pues, que resignarse otra vez y esperar.

185

En cuanto la escuadra estuvo mar afuera, la *Atalante*, cuya marcha superior era conocida, tuvo que tomar la delantera según costumbre. El capitán Soustra navegó solo durante varios días, yendo a la descubierta o reconociendo los flancos de la línea de batalla que mantenían los navíos de alto bordo. Hizo en este intervalo ocho presas, y tuvo la fortuna de salvar, en un temporal de viento, a las tripulaciones de dos buques franceses que iban a irse a pique después de haber desarbolado en el huracán.

Cuando quiso reunirse a la escuadra, cuyos buques habían sido dispersados por la tormenta, acontecieron dos incidentes desgraciados, que para ser comprendidos requieren una explicación previa.

La emigración, según lo hemos dicho, había causado un funesto vacío entre los oficiales superiores de nuestros ejércitos. Pero sobre todo en la armada era donde ese vacío producía las más graves consecuencias. Un oficial de marina no se improvisa como un oficial de tierra. Necesita conocimientos, una experiencia, una elevación de miras que muchos hombres no pueden llegar jamás a poseer. Habiendo pasado al extranjero la nobleza que capitaneaba nuestros buques, se hizo necesario reemplazarla con oficiales supernumerarios, atrevidos en el combate y buenos marinos ciertamente, puesto que, generalmente, sobre ellos descansaba la responsabilidad de las maniobras, pero que no estaban absolutamente preparados, en aquella época, para ejercer un mando superior, al cual los más osados sabían que no podían aspirar. De varios de estos marinos, improvisados capitanes de buques, es de quienes podía decirse con justicia con el poeta: "Tal brilla en segunda fila, que se eclipsa en la primera."

Y reanudando nuestro relato, tendremos la prueba de que ello es verdad en el modo en que fue acogida aquella pobre *Atalante*, cuando quiso reunirse con la escuadra. Aproximábase llena de confianza, haciendo sus señales preparatorias de reconocimiento, a las cuales el navío no dio contestación. Continuó su marcha dando su número de orden, largando sus banderas, sus gallardetes, sus cornetas: igual silencio por parte del navío. El tiempo estaba claro, la mar estaba bella; no había ni error ni engaño posibles. Y, no obstante, cosa extraordinaria, hasta increíble –como lo dijo el valiente capitán de la *Atalante*–, hasta que su buque llegó a dos tercios de tiro de cañón, no se decidió el navío a contestarle de un modo realmente raro, disparándole una andanada de metralla.

Sorprendido sobremanera por aquella hostil acogida, el capitán Soustra mandó arribar y puso la proa sobre una fragata francesa que estaba a sotavento a alguna distancia; hízole, acercándose, todas las señales imaginables para darse a conocer; la fragata le recibió como el navío, y púsose a cañonear al *Atalante*, ni más ni menos que si hubiese sido un barco inglés.

Airado con esta conducta inexplicable, el capitán Soustra creyose autorizado a dejar la flota. Volvió a Francia desesperado, y el 9 pluvioso entraba en Lorient, donde no tardó en caer enfermo de pena, después de haber entregado su corbeta a la marina y dado su dimisión de capitán de fragata.

Durante su convalecencia, que fue larga, redactó una memoria que dirigió al gobierno, para reclamar la parte que le correspondía en las presas que había hecho. Eran un número de 43, de las cuales 35 habían llegado felizmente a los puertos de Brest, Lorient, Nantes, Rochefort, Burdeos y Bayonne. Como los cargamentos se componían principalmente de azúcar, café, pieles, paños, aceites, vinos, lanas, droguerías, especias, joyas, harinas, arroz, trigo, cosas todas que tenían gran valor en aquella época, no andaba lejos de la verdad evaluándolas entre 25 y 30 millones.

El capitán Soustra pedía, ya sea un adelanto sobre esta suma con que había enriquecido a Francia, ya un buque velero para hacer el corso por su cuenta. Pero sus reclamaciones fueron vanas. Los graves asuntos públicos absorbían toda la atención, todas las facultades de los hombres colocados a la cabeza del gobierno. Tuvo que pensar en dar a su actividad otra dirección.

En cuanto se restableció fue a Burdeos, donde, merced a su reputación, obtuvo fácilmente un mando.

Confiósele la *Gironde*, linda corbeta de 22 cañones. Se hizo al mar para cruzar en el golfo, corriendo hacia nuevos peligros y esforzándose en alejar de su espíritu el triste desengaño que acababa de experimentar en el servicio al Estado.

Algunos días después de su salida, estaba sobre las costas de España, cuando viniendo a disiparse una espesa nube que cubría el mar, hallose bajo el fuego de una fragata inglesa, ante la cual tomó caza con toda la rapidez de su buque. Los cañones del alcázar de proa del inglés tronaban sin interrupción: los dos buques eran de marcha similar; la posición era crítica.

El capitán Soustra, colocado sobre la toldilla, en el puesto del peligro, animaba a su tripulación y vigilaba el velamen del que dependía la salvación de la corbeta, cuando, herido por una bala, recibió un golpe mortal que le derribó ensangrentado sobre la cubierta. Próximo a rendir el último suspiro, cogió la mano de su segundo, que procuraba reanimarlo con palabras de esperanza.

—Es inútil –le dijo–; mi hora ha llegado, lo sé. Pero, Brisson, antes de separarnos para siempre, exijo de ti una promesa. Mira que, hecha a un moribundo, será sagrada.

—Hablad, capitán –respondiole el valiente Brisson–, y contad conmigo para su cumplimiento.

—¡Pues bien!, júrame hacerte echar a pique, antes que rendir la corbeta.

—¡Lo juro! –y al instante vais a ver como empezó a ejecutarla–: ¡Un hombre arriba para clavar la bandera!

—Gracias, amigo mío, ya puedo morir ahora; mi misión en este mundo ha concluido.

Pocos instantes después, el capitán Soustra expiraba, a la edad de cuarenta y tres años, en los brazos de sus oficiales y ante la tripulación enternecida, que lo lloró como a un padre.

Los cañones de caza de la fragata no dejaban de tronar, dominando con sus estallidos aquella escena de luto. La distancia considerable que separaba a los dos buques impedía que la corbeta fuese demasiado maltratada; algunas ligeras averías, prontamente reparadas por la atenta tripulación, eran las únicas señales que dejaban los mensajeros de muerte. Sin embargo, prolongándose la lucha, podía atraer un resultado funesto; bastaba para eso un golpe fatal, como el que había privado a la *Gironde* de su bravo capitán.

La tripulación estaba ansiosa, firmemente resuelta a sostener la promesa de hacerse echar a pique, antes que rendirse, cuando el vigía señaló un gran buque a sotavento. Corría recto sobre él, ¿Era un enemigo?, ¿un salvador que la providencia enviaba? La inquietud de los valientes corsarios llegaba al límite. Cogidos entre dos fuegos, ninguna esperanza cabía de escapar a la muerte.

Enseguida, al temor reemplazó la alegría más viva: el buque a la vista acercábase rápidamente, llevaba todo el velamen posible, atraído por la explosión de la artillería, y se pudo distinguir el ancho pabellón tricolor que flotaba en su pico: era una fragata francesa. ¡La *Gironde* se había salvado! La fragata inglesa, virando de borde, alejose rápidamente.

Dos días después, el capitán Brisson fondeaba en la ría de Burdeos, y se presentaba en la oficina de marina a dar parte del fallecimiento del capitán Soustra, comandante del corsario la *Gironde, muerto en el campo del honor.*

Índice